AF524062

Alexander G. Schäfer

Maxe Baumann, Wunschbriefkasten, Die goldene Gans …

© Bettina Keller

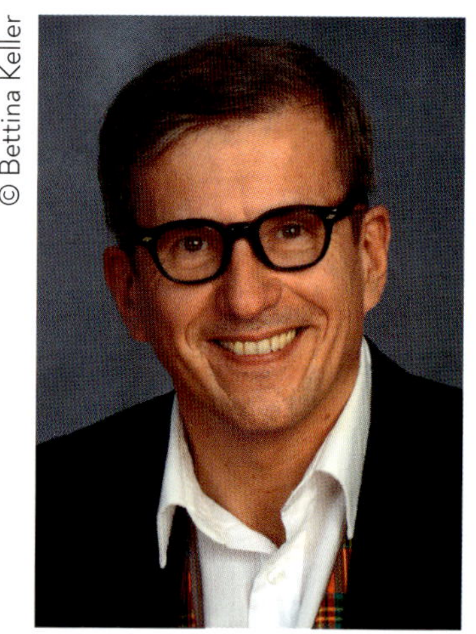

Alexander G. Schäfer wurde 1965 in Berlin als Sohn des Schauspielers Gerd E. Schäfer (* 1923; † 2001) geboren. Schon früh trat er in die Fußstapfen seines Vaters, wurde Schauspieler, Kabarettist, Moderator und spielte in verschiedenen Fernsehfilmen und -serien. Mit seinen Kabarettprogrammen tourt er durch die Welt, schreibt Theaterstücke, Drehbücher und führt Regie. Der freischaffende, erfolgreiche Künstler legt mit *Maxe Baumann, Wunschbriefkasten, Die goldene Gans … 50 Anekdoten zum 100. Geburtstag von Gerd E. Schäfer* sein erstes Buch bei Bild und Heimat vor.

Alexander G. Schäfer

Maxe Baumann, Wunschbriefkasten, Die goldene Gans …

50 Anekdoten zum 100. Geburtstag von Gerd E. Schäfer

Bild und Heimat

Für meine Familie

Inhalt

Ein Grußwort *von Uta Schorn*

Lieber Alexander,

gern setze ich mich hin, um zu verweilen, mich zu erinnern an den Schauspielkollegen, mit dem ich die längste Zeit meines Berufslebens verbracht habe.

Achtzehn Jahre! Achtzehn Jahre »Wunschbriefkasten«! Gemeinsam mit Gerd E. Schäfer, deinem Vater!

Damals schon eine Institution – ich, quasi, eine Anfängerin! Wie oft ich die Worte: »Du bist doch die Kleene aus dem Fernsehen! Die von Gerd E.! Oder?!«, gehört habe, kann ich gar nicht sagen.

Zwei Dinge habe ich ihm zu verdanken. Zum einen: Ich konnte beobachten, wie er Pointen setzte (ganz wichtig für eine Anfängerin). Zum anderen: Ich wurde durch den »Wunschbriefkasten« sehr schnell bekannt im Land. Als Uta Schorn – nicht als Rolle. Das braucht normalerweise ziemlich lange.

Nicht zu vergessen: Gerd E. und ich hatten achtzehn *heitere* Jahre miteinander, so lange halten viele Ehen nicht – und schon gar nicht heiter!!!

Ich finde es schön, dass du die Erinnerung an ihn wachhältst. Jetzt, zum 100. Geburtstag, mit einem neuen Buch.

In meiner Erinnerung wird er, neben unserer gemeinsamen Zeit, als »Maxe Baumann« bleiben. Dieser liebenswerte, etwas schrullige Zeitgenosse mit der dicken Brille, über den die Zeit etwas hinweggegangen scheint. Eine Figur, sehr weit entfernt von dem Menschen Gerd E. Für mich ganz große Schauspielkunst.

Lieber Alex, danke, dass du die Erinnerungen an deinen Vater, diesen großartigen Künstler und Menschen, mit uns teilst. Möge dieses Buch einen großen Leserkreis erreichen!

Wir sehen uns beim »Schäferstündchen«*.

Deine Uta

* Interviewreihe von und mit Alexander G. Schäfer

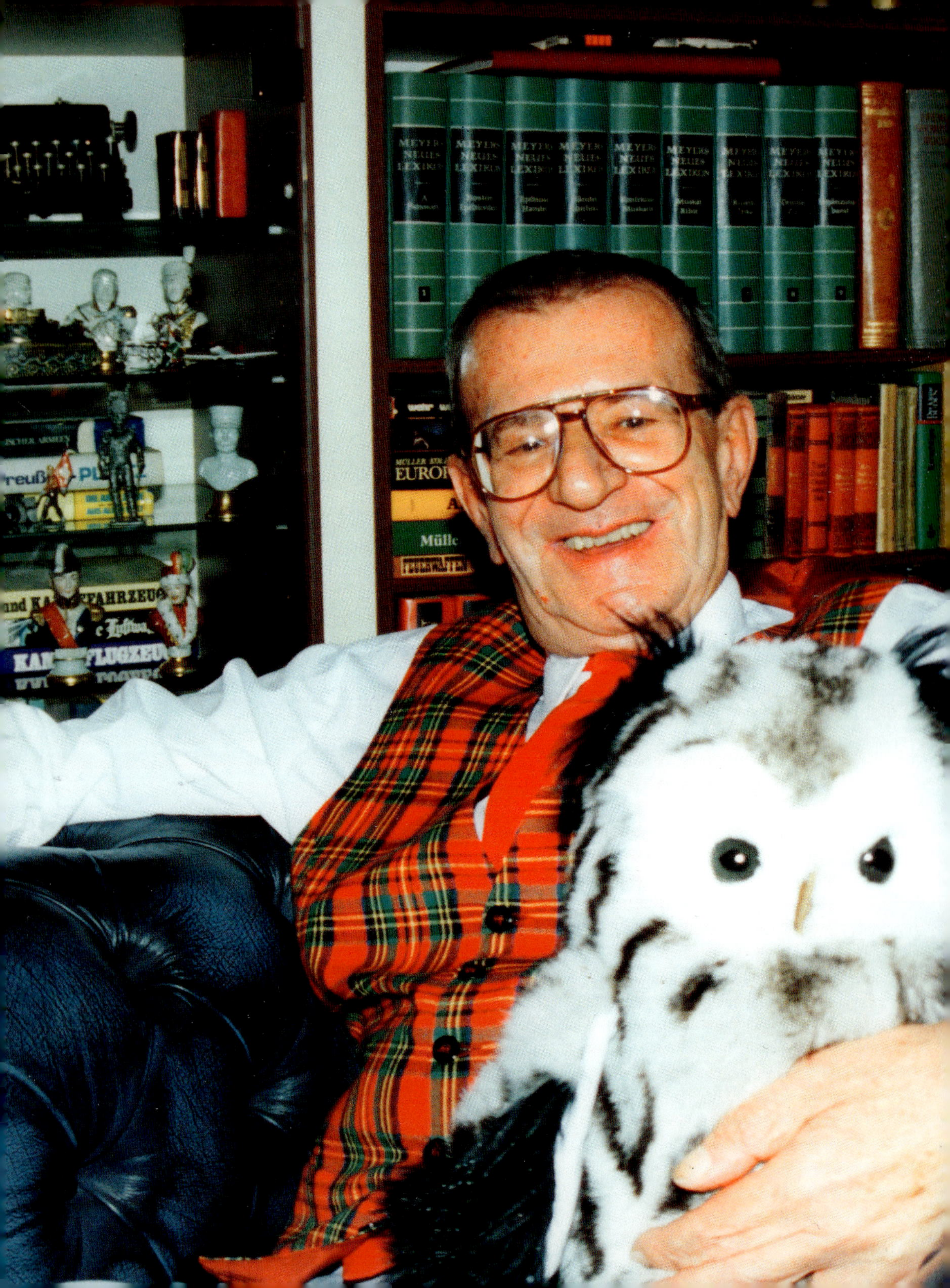
MEYERS NEUES LEXIKON

Einmal Handwerker sein ... - Privates

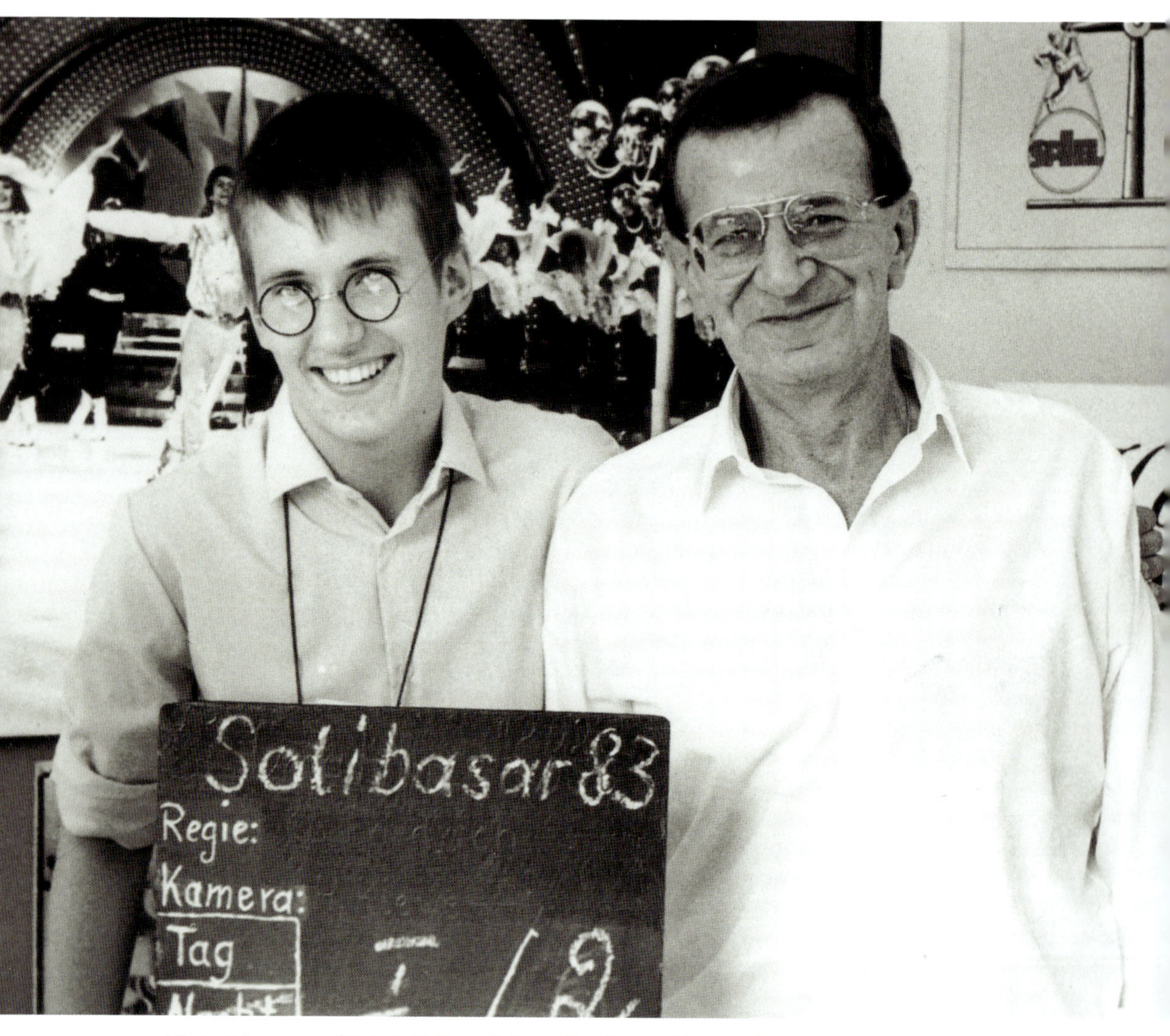

Mein Vater und ich 1983 auf dem Berliner Alexanderplatz. In jedem Sommer gab er hier sehr gern im Rahmen des Solidaritätsbasars Autogramme.

Wahrnehmung

Ich werde oft gefragt, wie es als Kind war, Sohn eines bekannten Künstlers zu sein?! Darauf kann ich nur mit einer Anekdote antworten, die meine Mutter gern erzählt: Ich kam als Erstklässler nach Hause und fragte erstaunt meine Mutter: »Stimmt es, dass mein Vater der Schauspieler Gerd E. Schäfer ist?«

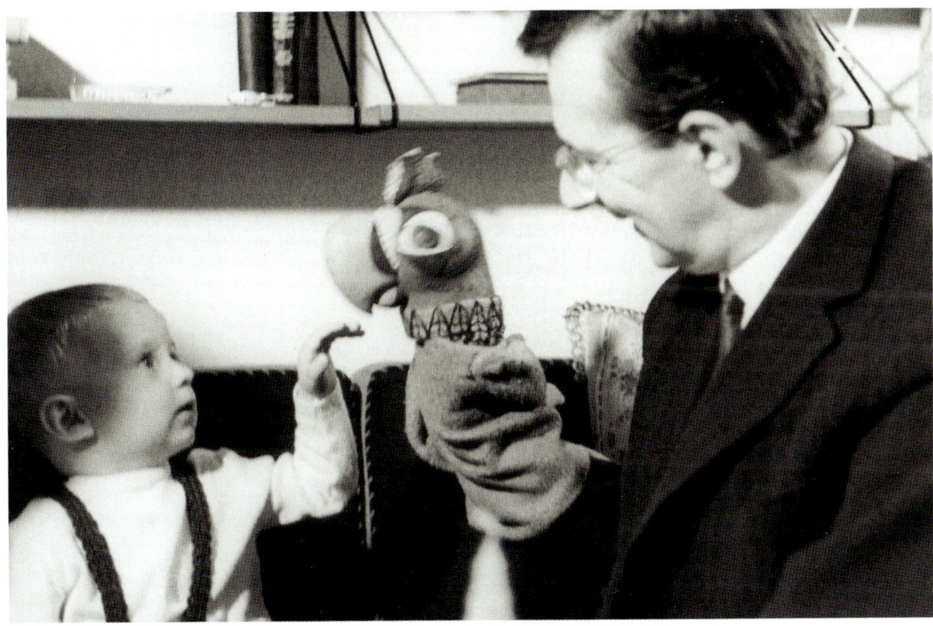

1966: Meine erste Begegnung mit »Feffi«

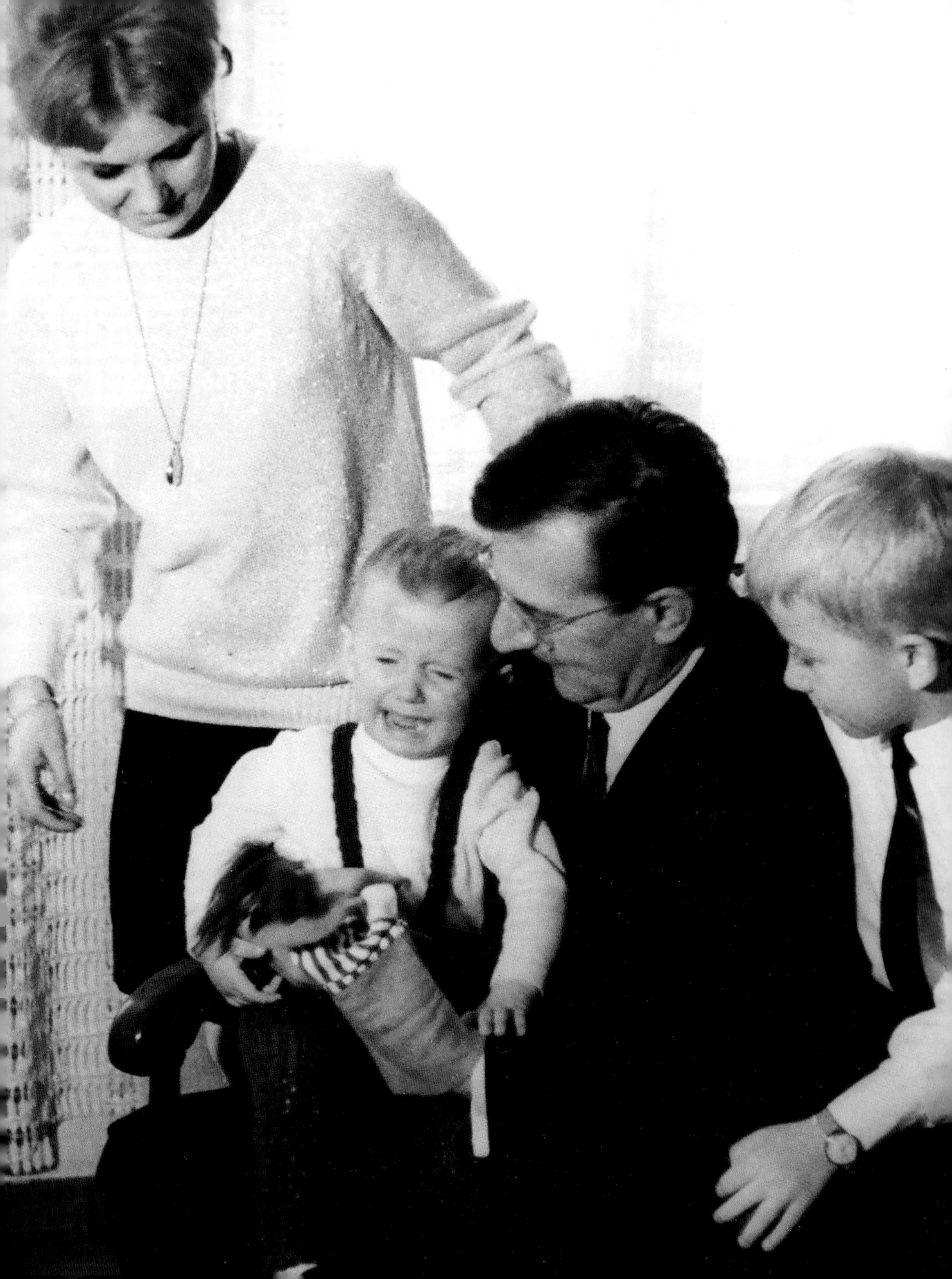

Mein Vater, der Lehrer

Mein Vater war eigentlich ein guter Lehrer. Ich erarbeitete mit ihm viele Rollen für die Schauspielschule. Er war geduldig, einfühlsam, konnte gut erklären. Aber das Schauspielen war sein Beruf, da kannte er sich aus. Ganz anders war es, wenn mein Vater sich um die Schule kümmerte, um »unsere Schule«, heißt, wenn er mit uns lernen wollte. Russisch-Vokabeln vor allem. Er hatte eine Affinität zu dieser Sprache. Vielleicht kam es daher, dass er aus dieser Ecke vermeintliche Vorfahren hatte.

Mit uns Vokabeln zu lernen, hatte er zur Chefsache erklärt! Ohne uns zu fragen. Erschwerend kam hinzu, dass er schnell lernte. Kurzum: Er konnte sie! Wir – mein Bruder und ich – auch … manchmal!

Solange meine Mutter in Hörweite war, war alles gut. Sie griff dann, wenn mein Vater unpädagogisch übertrieb, beschwichtigend ein. Wenn wir aber in sein »Schreibbüro«, eine fünf Minuten entfernte Einzimmerwohnung, kommen mussten, waren wir ihm völlig ausgeliefert. Und wenn wir die Vokabeln dann nicht konnten, gab es zwei Varianten, die mein Vater anwandte. Zum einen die Softvariante, die sogenannte Gewissensvariante. Mit trauriger Stimme sagte er: »Ich bin enttäuscht. Ich weiß nicht, was ich noch machen soll.« Dann flossen die Tränen – bei uns. Oder die harte Tour, die Schreivariante mit gleichzeitiger Ausmalung einer düsteren Zukunft. Auch dann flossen die Tränen – bei uns.

Eigentlich flossen die Tränen immer, wenn mein Vater sich in die

Jung und frisch, 1966:
Unser erstes Familienfoto

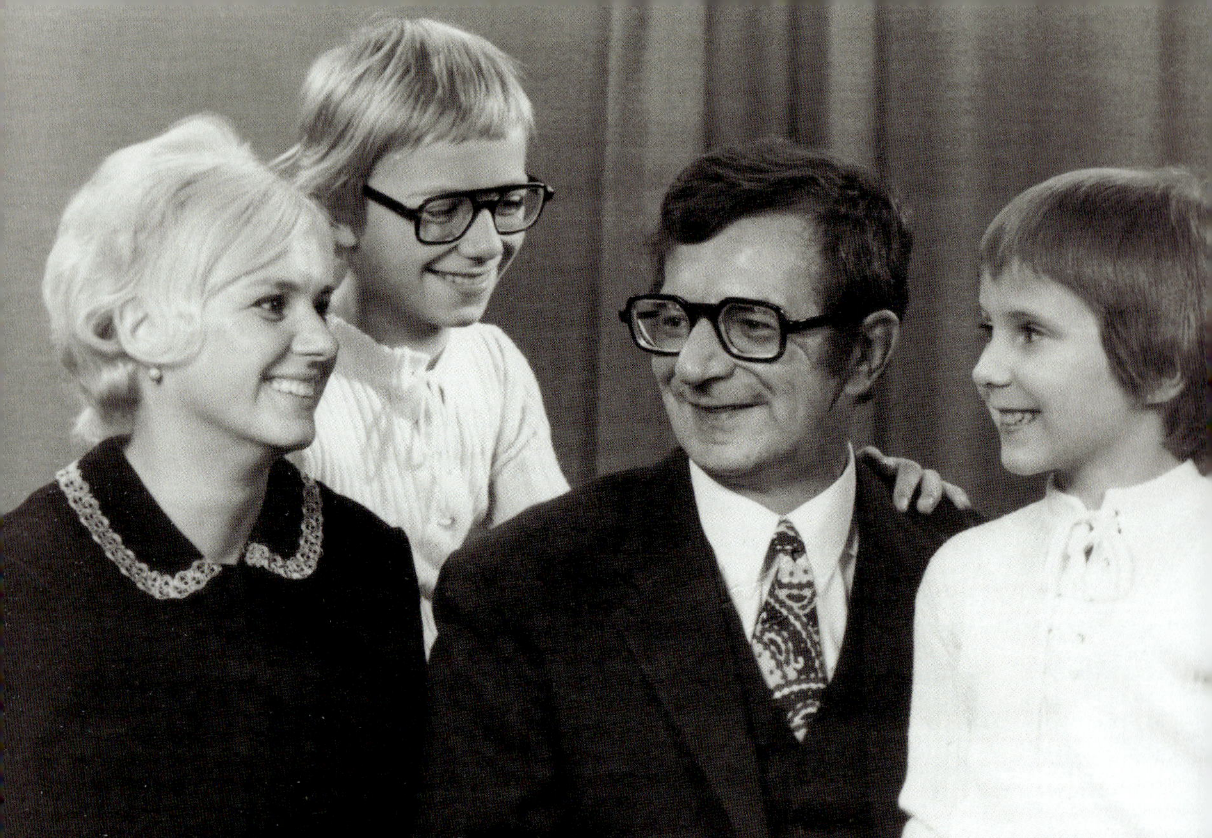

Noch immer jung und frisch, 1971: Unser zweites Familienfoto

Rolle des »Schulmeisters« begab. Sie flossen bloß unterschiedlich stark. Zum Beispiel beim Klavierspielen. Mein Vater, der einen Hang zum Bürgerlichen hatte, verordnete Hausmusik für die Kinder. »Bloß keine Geige, das ewige Gekratze halte ich nicht aus«, sagte meine Mutter sogleich kategorisch. Blasinstrumente wollten wir Kinder nicht, zumal wir gehört hatten, dass manchmal Backenzähne wegen der Resonanz weichen mussten. So einigten wir uns auf das Klavier. Anfangs waren wir begeistert, beide waren wir auch talentiert und beide nachher nur noch faul.

Nun stand das Klavier im Korridor. Zentral! Man konnte uns also hören, wenn wir übten. Vor allem, wenn wir uns verspielten. Während meine Mutter nach einer Weile genervt meinte, es reiche, setzte sich unser Vater, wenn er nichts zu tun hatte, dazu! Und dann ging es rund! Wenn wir zum dritten Mal nicht fehlerfrei über eine gewisse Stelle kamen oder nicht laut den Takt mitzählten, dann tobte er bis ... ja, bis mal wieder die Tränen rollten und wir das Notenblatt nicht mehr erkennen konnten. Meine Mutter musste dann energisch einschreiten, was meinen Vater ins Erstaunen versetzte, denn er hatte gar nicht bemerkt, wie er uns »unter Wasser« gesetzt hatte. Es gab dann Küsserei, Lacherei – und manchmal noch Schokolade.

Geliebt haben wir ihn trotzdem, vielleicht gerade wegen der Ambivalenz.

Pinocchio in Bautzen

Mein Vater war, was beschriftetes, bedrucktes Papier betraf, ein Messie. So die Aussage meiner Mutter. Ob Bücher, Zeitungen, Kataloge, Magazine – er hortete sie. Einige über Jahre, so dass manche mittlerweile sogar einen antiquarischen Wert bekamen. Buchhandlungen, Antiquariate, Zeitungsläden waren, was für andere Baumärkte sind, seins. Dabei waren Antiquariate sein absoluter Favorit. Er kannte sie alle, ob in Rostock, Berlin oder Karl-Marx-Stadt (heute: Chemnitz). Er hatte sich ein regelrechtes Netzwerk aufgebaut. Überall hatte er Fächer, überall legten sie ihm darin Bücher zurück. So auch in Bautzen.

Es war Anfang der 1970er Jahre. Wir begleiteten meinen Vater zu einem Auftritt und bezogen Quartier im neu errichteten Hotel in Bautzen (heute: *Best Western Plus Hotel*). Es war gerade eröffnet worden, und wir wohnten es sozusagen trocken.

Am Morgen meinte mein Vater, er gehe nur mal kurz Zigaretten holen … nein, er sagte, er gehe kurz mal ins Antiquariat, es lägen da noch Bücher für ihn bereit. Und weg war er. Aus kurz wurde länger, lang, ganz lang. Er kam und kam nicht. Eigentlich wollten wir zusammen Mittagessen, dann Kaffee trinken … doch wer nicht kam, war er. Langsam konnte man wirklich denken, er sei sprichwörtlich Zigaretten holen gegangen. Es gab ja auch noch keine Handys …

Meiner Mutter war es nun doch unheimlich, und sie fragte an der Hotelrezeption, wo das Antiquariat läge. Wir wollten gerade dorthin aufbrechen, als mein Vater endlich kam. Nach sieben Stunden! Mit einem Bücherpaket und Blumen unterm Arm. Er sah das finstere Gesicht meiner Mutter und wusste: Blumen reichen nicht!

Dann erzählte er folgende phantastisch anmutende Geschichte: Er sei ins Antiquariat gekommen, habe sich mit der Inhaberin unterhalten. Dabei habe diese ihm von neuen Büchern erzählt, die sie erhalten hätte, die aber noch im Keller lagern würden. Er solle sie sich doch mal angucken, vielleicht wäre ja etwas dabei. Gesagt, getan. Er sei also in den Keller gegangen, habe »gaaanz kurz« geguckt, und als er gerade wieder hochkommen wollte – da sei die Tür ab- und er eingeschlossen gewesen. Später habe sich herausgestellt, dass die Besitzerin wegen eines Wasserrohrbruchs in ihrer Wohnung schnell nach Hause musste. In der Hektik habe sie meinen Vater im Keller vergessen und den Laden abgeschlossen. So habe er, eingeschlossen, Stunde um Stunde warten müssen, bis sie wieder zurückkam. Natürlich sei er traurig gewesen, nicht bei seiner lieben Frau sein zu können … Und er machte ein betrübtes Gesicht.

Meine Mutter glaubte ihm natürlich *nicht*. Sie wusste, wenn es bei meinem Vater um Bücher ging, vergaß er die Zeit. Übrigens brachte er uns eine Ausgabe von Carlo Collodis *Pinocchio* aus dem Antiquariat mit. »Wie treffend«, meinte meine Mutter augenzwinkernd.

Purer Eigennutz

Mein Vater war verrückt nach Krimis. Er las sie tonnenweise. Vor allem die amerikanischen Krimiautoren wie Raymond Chandler, Dashiell Hammett, Cornell Woolrich und andere hatten es ihm angetan. Auch das Fernsehabendprogramm meiner Eltern wurde danach ausgerichtet.

Der Freitag und der Sonntag waren *die* Krimitage. Freitags liefen im ZDF jede Woche im Wechsel »Der Kommissar« mit Erik Ode, »Derrick« mit Horst Tappert oder »Der Alte« mit Siegfried Lowitz. Sonntags flimmerten »Polizeiruf 110« im DDR-Fernsehen oder »Tatort« in der ARD über den Bildschirm.

Deshalb waren Freitage und Sonntage für meinen Vater heilige Tage, und Veranstaltungen oder Drehtage wurden für diese Tage nur widerwillig oder für ganz viel Geld angenommen.

Apropos Horst Tappert: Die ARD brachte 1966 den Krimidreiteiler »Die Gentleman bitten zur Kasse« heraus. Unter anderem mit Horst Tappert, Günther Neutze und Siegfried Lowitz. Es ging um den legendären Postzugraub in England am 8. August 1963. Eine Sensation zur damaligen Zeit, zumal die Postzugräuber teilweise nicht gefasst werden konnten.

Nun sollte es Anfang der 1970er Jahre eine Fortsetzung geben, in der die Flucht beziehungsweise der Verbleib der Räuber thematisiert wurde. Mein Vater wollte sie unbedingt sehen, musste aber arbeiten. Mediatheken oder Videorekorder gab es zu der Zeit noch nicht. Jedoch hatten wir einen tragbaren Fernseher – Luxus zur damaligen

Zeit –, und mein Vater dachte sich, wenn er den in die Garderobe mitnehmen würde, könnte er den Film dort sehen.

Ein Problem gab es dabei: Der Fernseher hatte zwar eine integrierte Antenne, aber die Reichweite war überschaubar. Nur wenn jemand sie richtig hielt, konnte der, der sie nicht hielt, etwas erkennen. Bloß wer sollte sie in der Garderobe halten? Kollegen konnte mein Vater nicht fragen, meine Mutter winkte ab, mein Bruder musste für eine Vokabel-Leistungskontrolle lernen, das ging selbstverständlich vor! Demnach blieb nur noch der Jüngste, also ich. So fragte er mich scheinheilig, ob ich nicht zum Drehen mitkommen möchte. Ich willigte natürlich ein. Die Arbeit meines Vaters interessierte mich immer sehr.

Wir fuhren also zum Drehort. Erst da erklärte er mir, was ich zu tun hätte. Ich weigerte mich erst, aber er bestach mich mit einem *Matchbox*-Auto. Er hatte es vorsorglich besorgt, ahnte wohl schon, dass es Schwierigkeiten geben könnte.

Kurzum: Ich hielt die Antenne nicht, denn ich war schlichtweg zu klein. Trotz Stuhl, Tisch … – ich musste sogar auf einen Schrank klettern – bekamen wir keinen Empfang. Entweder war nur der Ton da, oder es gab weiter nichts als ein unscharfes Bild.

Enttäuscht beendeten wir die Aktion. Was aber noch ärgerlicher war: Der Dreh wurde aus technischen Gründen abgebrochen. Also alles umsonst, na ja, bis auf das *Matchbox*-Auto, das ich natürlich behalten durfte. Jahre später hat mein Vater dann die Fortsetzung im Rahmen einer Wiederholung gesehen – und fand sie langweilig.

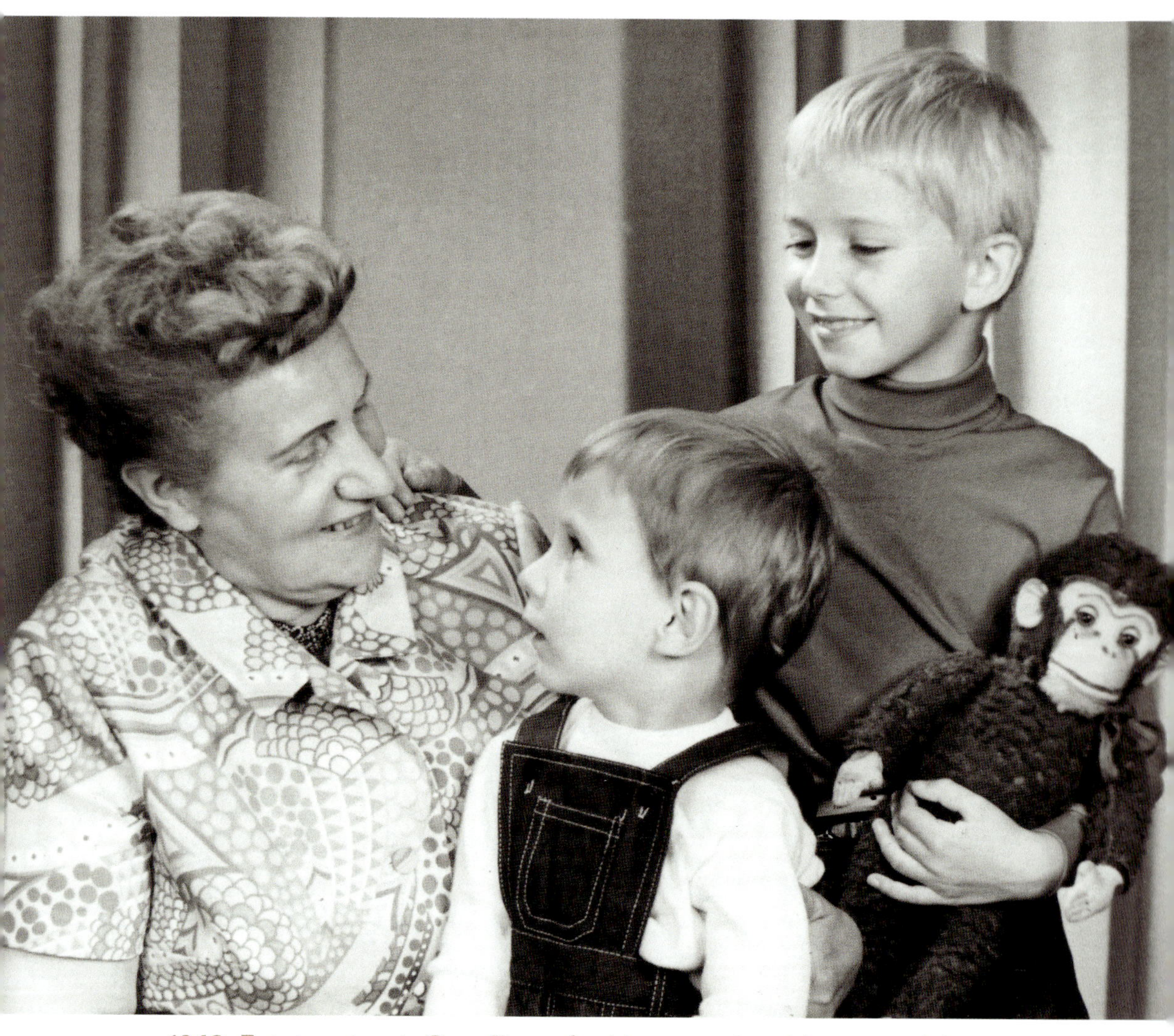

1968: Fototermin mit Oma Erna, der Mutter meines Vaters, und ihren Enkeln Frank und Axi. Sie dachte immer, ich würde Axel heißen.

Die unbeantworteten Fragen

Mein Vater, Jahrgang 1923, hatte gewisse Wertvorstellungen, was unsere Erziehung betraf. Er selbst, nur bei Mutter beziehungsweise Großmutter groß geworden, wollte Maßstäbe setzen, die durchzusetzen er aber meiner Mutter überließ. Er mischte sich nur ein, wenn es ihm zu laut wurde oder es um Russisch oder Klavierspielen ging. Dann kam er in die Küche, unser familiärer Sammelpunkt, und stellte immer die gleiche Frage: »Was ist denn hier los?«

Spätestens da mussten mein Bruder und ich auf »Tauchstation«. Denn die Frage konnte man so oder so beantworten. »Nichts« konnte man nicht sagen, denn sonst wäre es ja nicht so laut geworden, und den wahren Grund kundzutun, war unter Umständen gefährlich. Also war es besser, man schwieg. Zumal er auf die Antwort sowieso nicht hörte, denn nun war es Zeit für den »Patriarchen«, lautstark zu erziehen. Einmal in Fahrt gekommen … – endete es oftmals in Tränen.

Übrigens stellte mein Vater öfter Fragen, auf die man alles oder vor Fassungslosigkeit gar nichts antworten konnte. So zum Beispiel nach meinem Autounfall. Ein übermüdeter Autofahrer nahm mir die Vorfahrt und fuhr in die Seite meines Autos, worin sich meine Tochter und ich befanden. Gott sei Dank blieben wir unverletzt, meine Tochter saß auf der anderen Seite im Kindersitz. Von einer Telefonzelle aus rief ich meinen Vater an, schilderte ihm kurz den Unfall. Aber statt als Erstes zu fragen, wie es meiner Tochter und mir ginge, fragte er nur: »Warum das denn?« – Was soll man darauf sagen?!

Spielen mit meinem Vater

Gespielt habe ich wenig mit meinem Vater. Er war zu ungeduldig. Ich erinnere mich an den Bau eines Baggers aus einem Stabilbaukasten-Set. Er schraubte und schraubte lautstark fluchend. Was kam heraus? Statt eines Baggers ein Etwas, das eher wie ein Elefant aussah und natürlich nicht baggern konnte.

Einmal war ich mit ihm Fußball spielen. Ich hatte einen Fußball zu Weihnachten geschenkt bekommen, und mein Vater lud mich am Abend ein, den Ball einzuweihen.

Wir waren alle ganz erstaunt, meine Mutter fragte sogar, ob es ihm gutgehe. Denn das gab es noch nie: Sport mit meinem Vater!

Wir gingen zum Bolzplatz. Leider hielt die Freude nicht lange vor, denn er stolperte beim Schießen, fiel auf die Hand – und die Herrlichkeit war vorbei. Ich war nicht unzufrieden, denn er hatte kaum den Ball getroffen, und wenn er ihn getroffen hatte, schoss er ihn irgendwohin, wo ich ihn holen musste und nur mit Mühe fand. Aber immerhin: Der Wille war da.

Die Mauer

Wie beschrieben, war Sport nicht die Sache meines Vaters. Auch nicht vor dem Fernseher. Warum bei uns der Fernseher lief, als die Eröffnungsfeier der Olympischen Spiele 1972 stattfand – keine Ahnung.

Ich für meinen Teil wartete auf eine neue Folge von »Raumschiff Enterprise«, die achtzehn Uhr kommen sollte. Also guckte ich die Eröffnungsfeier mit. Der damalige Bundespräsident Gustav Heinemann betrat die Bühne. Der Weg war lang. Ich fragte meinen Vater, was jetzt passiere. Mein Vater antwortete beiläufig: »Jetzt wird entschieden, ob die Mauer aufgemacht wird.«

Meine Mutter und mein Bruder lachten. Heinemann sprach.

»Und?«, fragte ich.

»Wird nicht«, sagte mein Vater kurz und knapp.

Die Mauer war ein großes Thema in der Familie. Meine Oma väterlicherseits lebte in Westberlin, und mein Vater litt stark darunter, sie so selten bis gar nicht besuchen zu können. Sie hatten eine sehr enge Verbindung. Meine Mutter sagte dazu nur lakonisch: »Muttersöhnchen«!

Eines Tages kam ich von einem Pioniernachmittag und verkündete: »Ich finde es gut, dass die Mauer gebaut wurde.« Ich dachte, mein Vater bekommt einen Herzinfarkt. Er wurde blass im Gesicht, dann rot, dann schrie er so laut, dass die Sammeltassen in der Vitrine wackelten. Ich habe erst gar nicht begriffen, warum!? Meine Mutter musste mich aus der »Schusslinie« nehmen, und wir verschwanden im Nebenzimmer.

Nach einer Weile beruhigte er sich und erklärte mir, wie schrecklich es ist, seine Mutter nicht sehen zu können beziehungsweise dass unsere Oma nicht uns Enkel aufwachsen sehe. Das Argument zog, zumal ich mir ausrechnete, wie oft sie mit mir in den Intershop gehen würde, um mir *Matchbox*-Autos zu kaufen.

Tagesablauf eines Künstlers – wenn er zu Hause war

Nein, mein Vater war kein typischer Künstler, zumindest wenn man nach dem Klischee geht. Keine Exzesse mit Alkohol, keine nächtelangen Partys. Alles lief ruhig, familiär ab. Die Arbeit sowie die Arbeitskollegen blieben außen vor. Bis auf wenige Ausnahmen, wie die Schauspielkollegen Rolf Herricht, Hans-Joachim Preil, Marianne Kiefer und Uta Schorn oder der Komponist Rudi Werion, zu denen er freundschaftlichen Kontakt pflegte.

Der Tagesablauf meines Vaters sah folgendermaßen aus – wenn er zu Hause war:

Künstleruntypisch war er ein Frühaufsteher. Immer gut gelaunt. Er ging ins Bad, um Morgentoilette zu machen – erst die Arme, dann die Beine kalt duschend, dann warm abduschend, in umgekehrter Reihenfolge. Natürlich alles lautstark. Danach zog er sich an, sodann wurde gemeinsam gefrühstückt. Als ich klein war, legte ich mich immer auf seinen Schoß, und er erzählte mir eine erfundene Geschichte. Gefrühstückt wurde immer das Gleiche: Eier, Brot, Honig.

Dann ging er ins Arbeitszimmer beziehungsweise Büro, um zu lernen oder zu telefonieren …

Gegen dreizehn Uhr wurde zu Mittag gegessen. Mein Vater aß meistens Suppe. Er liebte Suppen, egal welche. Meistens von *Maggi* oder *Knorr*. Sie schmeckten ihm, ganz zur Freude meiner Mutter, die nicht gerade eine Meisterköchin war. Dazu gab es ein halbes Bier.

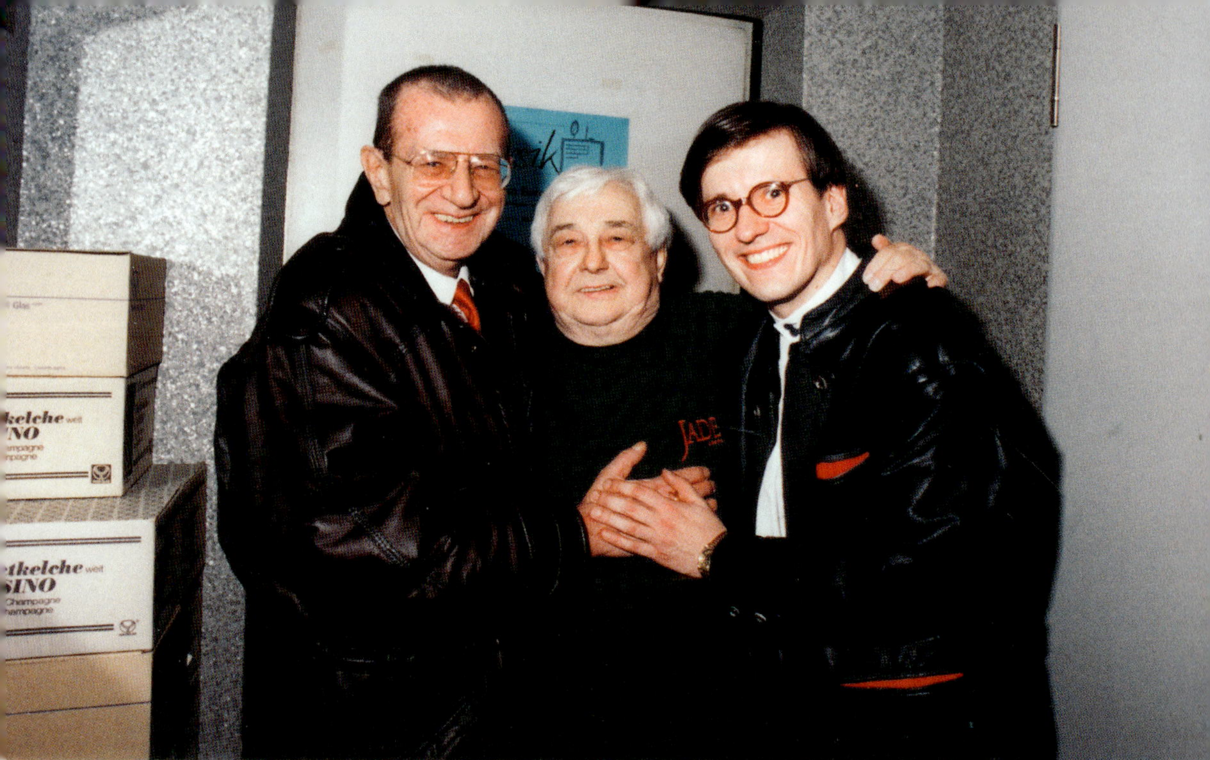

1996: Mein Vater und ich anlässlich meiner ersten Premiere beim Kabarett-Theater *Die Stachelschweine* zusammen mit dem Frontmann und Künstlerischen Leiter Wolfgang Gruner

Manchmal trank er noch ein Gläschen Pepsin-Wein oder *Underberg* zur Verdauung hinterher, um sich dann mit einem Konfektkasten für eine Stunde zur Ruhe zu begeben.

Dieser Mittagsschlaf war ihm heilig. Wehe, wenn er da gestört wurde. Wir mussten, wenn wir aus der Schule kamen, sehr leise sein. Nach dem Motto: Ruhe, der König schläft! Gegen halb drei, spätestens fünfzehn Uhr stand er auf, gut gelaunt, ging zur Erfrischung ins Bad, nachdem er Wasser für den Instantkaffee (*Kaffee Hag*) aufgesetzt hatte.

Wenn wir da waren, fragte er, ob etwas Bestimmtes in der Schule

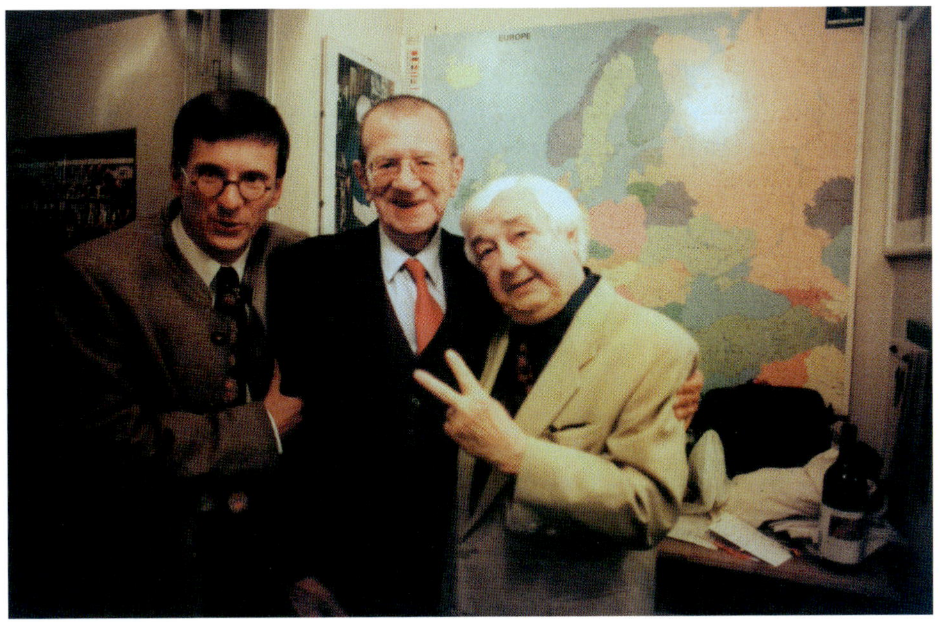

1999: Anlässlich meiner dritten Premiere bei den *Stachelschweinen* entstand – abermals zusammen mit dem Kabarett-Urgestein Wolfgang Gruner – eines der letzten Fotos meines Vaters.

war, ob es Zensuren gab. Wenn es gute gab, lobte er, wenn es schlechte gab, kam es darauf an, in welchen Fächern. Mathematik und Physik wurden mit einem Kopfschütteln kommentiert, wenn es sich aber um Deutsch oder Russisch handelte, kam wieder diese Frage: »Warum das denn?« Und dann konnte es einen Vortrag geben oder sogar einen Rapport bei ihm, mit der schlechten Arbeit im Gepäck. Ich habe naiverweise immer alles erzählt, auch die schlechten Bewertungen; mein cleverer Bruder hingegen schwieg sich fast immer darüber aus, oder er konnte sich, wie mancher Politiker, nicht erinnern. So wurde er nicht belangt.

Gab es keine Besonderheiten zu berichten, ging mein Vater nach dem Mittagsschlaf gleich in sein Büro, wiederholte den gelernten Text, schrieb, las etwas. Wenn er nicht Text lernte, konnte man ihn jederzeit stören, um ihm etwas zu zeigen oder ihn etwas zu fragen. Und es war immer schön, denn egal, wie alt man war, er nahm einen ernst, er konnte zuhören und auch viel lachen.

Ungefähr achtzehn Uhr gab es Abendbrot. Als wir klein waren, aßen wir noch zusammen in der Küche. Später wollten wir Kinder manche Vorabendsendung, wie »Der Kurier der Kaiserin«, »Percy Stuart« oder »Mini-Max«, nicht verpassen und aßen vor dem Fernseher.

Abends, wenn kein Krimi kam, las mein Vater oder guckte meiner Mutter zuliebe »Dalli Dalli« oder »Der Große Preis«. Gegen zweiundzwanzig Uhr gingen meine Eltern schlafen. Meine Mutter hörte noch per Kopfhörer etwas Radio.

Jetzt werden einige ungläubig staunen und denken: Ist ja fast so bieder wie bei »Maxe Baumann«. Vielleicht. Vielleicht hat er ihn deshalb so überzeugend gespielt.

Entführung

Ich sollte 1973 entführt werden. Ausgangspunkt war der 50. Geburtstag meines Vaters. Aus diesem Anlass gab es eine Homestory in der Musikzeitschrift *Melodie & Rhythmus*. Warum in *dem* Blatt? Keine Ahnung!

Es wurden schöne Fotos gemacht. Ein paar Tage später, mein Vater war auf Tour, rief anonym eine Frau meine Mutter an und sagte, sie möchte mich unbedingt als Sohn haben, und legte auf. Meine Mutter dachte, es wäre ein Scherz, und maß der Sache keine Bedeutung bei. Anonyme Anrufe kamen öfter vor, und man ignorierte sie lieber. Aber diese Frau rief am nächsten Tag wieder an. Sagte dasselbe und legte auf. Am übernächsten Tag geschah das Gleiche. Am vierten Tag erzählte sie, sie habe einen Porsche und eine Siebenzimmerwohnung, und sie würde mich verwöhnen. Am fünften Tag sagte sie nur, sie bekomme mich, ob freiwillig oder … – das ließ sie offen. Sie rufe nächste Woche wieder an.

Jetzt wurde meine Mutter doch unruhig. Und mein Vater war nicht da. Sie machte das einzig Richtige, sie informierte die staatlichen Stellen. Als Erstes den Hausvertrauensmann, der hatte das Hausbuch und den Überblick, wer ein und aus ging. Dann den ABV, den Abschnittsbevollmächtigten, der hatte einen Überblick über den Kiez. Dann die Schule, die hatte Überblick über das Schulgelände. Dann die Polizei, die hatte Überblick über alles. Bei so viel Überblick konnte gar nichts passieren. Dann informierte sie uns, wobei mein Bruder meinte, wir bräuchten keine Angst zu haben, die bringen mich eh spätestens am nächsten Tag zurück!

Die Überwachung schmeichelte mir. So viel Aufmerksamkeit. Und alle waren sooo behutsam, sooo rücksichtsvoll. Die Lehrer, die Nachbarn, meine Mutter, mein Bruder. Herrlich.

Aber etwas beunruhigt war ich auch. Was wird aus meinen Freunden, wenn ich woanders wohne, was aus meinen *Matchbox*-Autos? Fragen über Fragen!

Unterdessen kam mein Vater von der Tour zurück. Und ich glaube, nie waren wir so glücklich, ihn bei uns zu haben, wie in diesem Augenblick. Er brachte durch seine Gelassenheit Ruhe herein.

In Absprache mit der Polizei sollte er das nächste Gespräch annehmen. Wir waren nun doch etwas angespannt! Außer mein Vater. Zumindest ließ er es sich nicht anmerken. Die vermeintliche Entführerin rief an und sprach mit ihm. Er war ganz ruhig, überlegen, sagte nur: »Wann kommen Sie? Gut, ich stell alles bereit.«

Sie schien irritiert, legte auf – und rief nicht mehr an. Wer sie war? Wir hatten so eine Vermutung. Aber beweisen konnten wir es nicht.

Übrigens hatte ich danach noch oft daran gedacht, wie es wohl sein würde … im Porsche zu fahren.

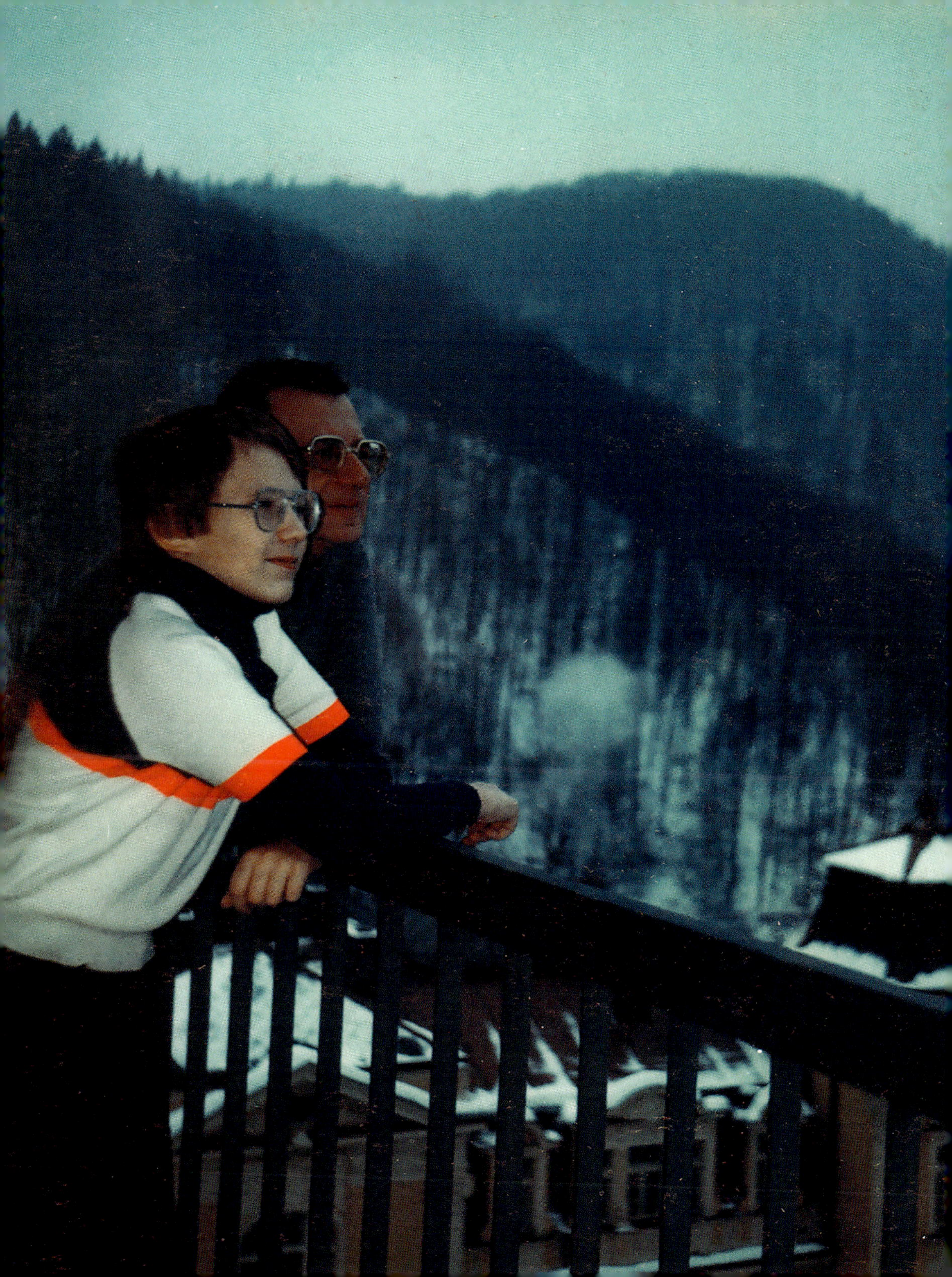

Hampelmann

Der Ruhm unseres Vaters färbte auf uns Kinder ab. Positiv wie negativ. Nicht charakterlich. Nein, unsere Eltern haben da aufgepasst und hätten reagiert, wenn es so gewesen wäre. Wir wurden »ganz normal« erzogen, ohne Dünkel, Überheblichkeit, Berührungsängste … In der DDR war so etwas sowieso schwierig, zumindest wenn man – wie wir – in einem Berliner Kiez aufwuchs.

Dort gab es Arbeiter, Lehrer, Gastronomen, Ladenbesitzer, Polizisten … Alle relativ friedlich nebeneinander lebend. Aber es gab auch Neider. Auf der Straße, im Haus und in der Schule. In der Schule waren es selten Klassenkameraden, mehr die Lehrer. Lehrer mochten meinen Bruder und mich, wenn sie unseren Vater mochten, und mochten uns weniger, wenn sie unseren Vater nicht mochten. Am besten waren die, die keinen Fernseher hatten oder nur Westfernsehen guckten. Dann beurteilten sie uns ausschließlich nach unserer Persönlichkeit.

Während meiner Schulzeit hatte ich komischerweise immer mit Sportlehrern meine Schwierigkeiten. Sie wohl auch mit mir. Nun war ich keine Sportskanone, und beim Geräteturnen war ich ein gern gesehenes Beispiel dafür, wie man nicht turnen sollte. Ich erinnerte wohl eher an eine Pflaume, denn so wie diese lilafarbene Frucht hing ich an der Stange.

Dafür hatte ich aber die schönste Sportkleidung. *Adidas*-Garnituren von *FC Bayern München*, *Hertha BSC* und *Borussia Dortmund*, meiner West-Oma sei Dank, während der Sportlehrer einen ausgeleierten

Trainingsanzug trug. Dies, dazu mein fehlender sportlicher Ehrgeiz und dann noch der Sohn vom »Volkskomiker« Gerd E. Schäfer – das reizte die Sportlehrer wahrscheinlich, so wie einen Stier das rote Tuch.

Während einer Sportstunde übertrieb es aber einer dieser Stiere. Es war auf der Erweiterten Oberschule (EOS). Wir sollten uns aufwärmen, und vielleicht machte ich mal wieder eine komische Figur, jedenfalls sagte der Sportlehrer vor versammelter Klasse: »Mach mal den Hampelmann wie dein Vater.« Und grinste abfällig.

Ich nahm es gelassen. Aber meine Schulkameraden drängten mich, es unserer Klassenlehrerin zu erzählen, die es aber »unter den Teppich kehren« wollte.

Ich erzählte es zu Hause. Meine Eltern waren empört. Wie konnte ein Pädagoge die Leistung meines Vaters und seine persönliche Bewertung darüber an mir auslassen?! Und so schrieb mein Vater an den Direktor. Der Direktor, der wiederum ein Fan meines Vaters war, wandte sich an den Sportlehrer, der übrigens für seine verbalen Entgleisungen bekannt war. Er musste, unter Androhung eines Verweises, bei meinem Vater antanzen und sich erklären.

So muss der Gang nach Canossa gewesen sein! Er kam zu uns nach Hause, mein Vater sprach wenig, was umso beredter wirkte, denn der unverschämte Lehrer wurde immer verschämter, entschuldigte sich zähneknirschend bei meinem Vater, bei mir, vor der Klasse.

Seitdem wurde ich zwar in Ruhe gelassen, aber besser an der Stange habe ich danach auch nicht gehangen.

Einmal Handwerker sein …

Mein Vater bewunderte handwerkliche Fähigkeiten. Er wäre gern Handwerker geworden: »Da hat man etwas Bleibendes geschaffen. Meine Arbeit ist so schnell vergänglich.« Leider hatte er weder das Geschick noch die Geduld dafür.

Ich erinnere mich, was es meinen Vater an Zeit gekostet hat, einen Nagel einzuschlagen. So lange, bis meine Mutter ihm entnervt den Hammer wegnahm und es übernahm. Oder das Aufstellen des Weihnachtsbaums. Damals musste noch der Stamm des Baumes dem Ständer angepasst werden. Das hieß: sägen, anpassen … Wutausbrüche, sägen, anpassen … Nicht nur einmal ist der Baum umgekippt. Eines Tages sogar auf meinen Bruder! Aber es ist nichts passiert, nur dass mein Vater die Sache dann an meine Mutter übergab und erst einmal eine oder gar zwei, drei Zigaretten rauchte.

Was mein Vater richtig gut konnte, war das Saubermachen. Fächer, Bücherregale … Zum Leidwesen der Kinder. Denn ab und zu kam unser Kinderzimmer dran. Unsere schöne Unordnung war dahin – für die nächsten drei Tage!

Manchmal übertrieb er das Saubermachen aber. So beim Waschbecken. Er bemerkte, der Abfluss müsste gesäubert werden, und schraubte ihn ab. Abschrauben konnte er ihn, nur nicht wieder anschrauben. So mussten wir uns dann tagelang die Zähne über der Badewanne putzen, ehe der Klempner kam und den Abfluss wieder anbaute.

Wie Gründgens

Gustaf Gründgens war der »Theater-Messias« im Hause Schäfer! Seitdem mein Vater ihn in den 1930er Jahren hinter der Bühne erlebt hatte, war er im Gründgens-Fieber, womit er mich ansteckte. So wurde er auch mein Vorbild.

Als ich nun auf die EOS kam, ließen meine schulischen Leistungen nach. Mein Vater versuchte, mich zu motivieren, und meinte: »In deinem Alter war Gründgens der Beste der Klasse!«

Darauf konterte ich: »Und in deinem war er längst Generalintendant!«

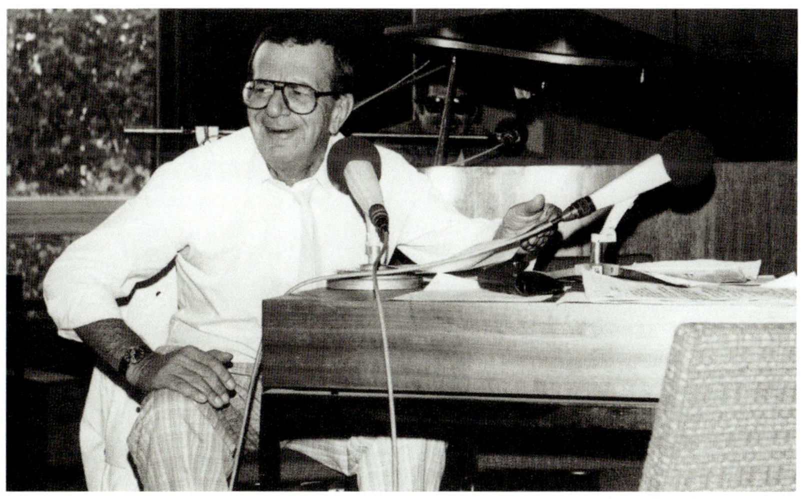

Mein Vater 1986 bei einem Interview

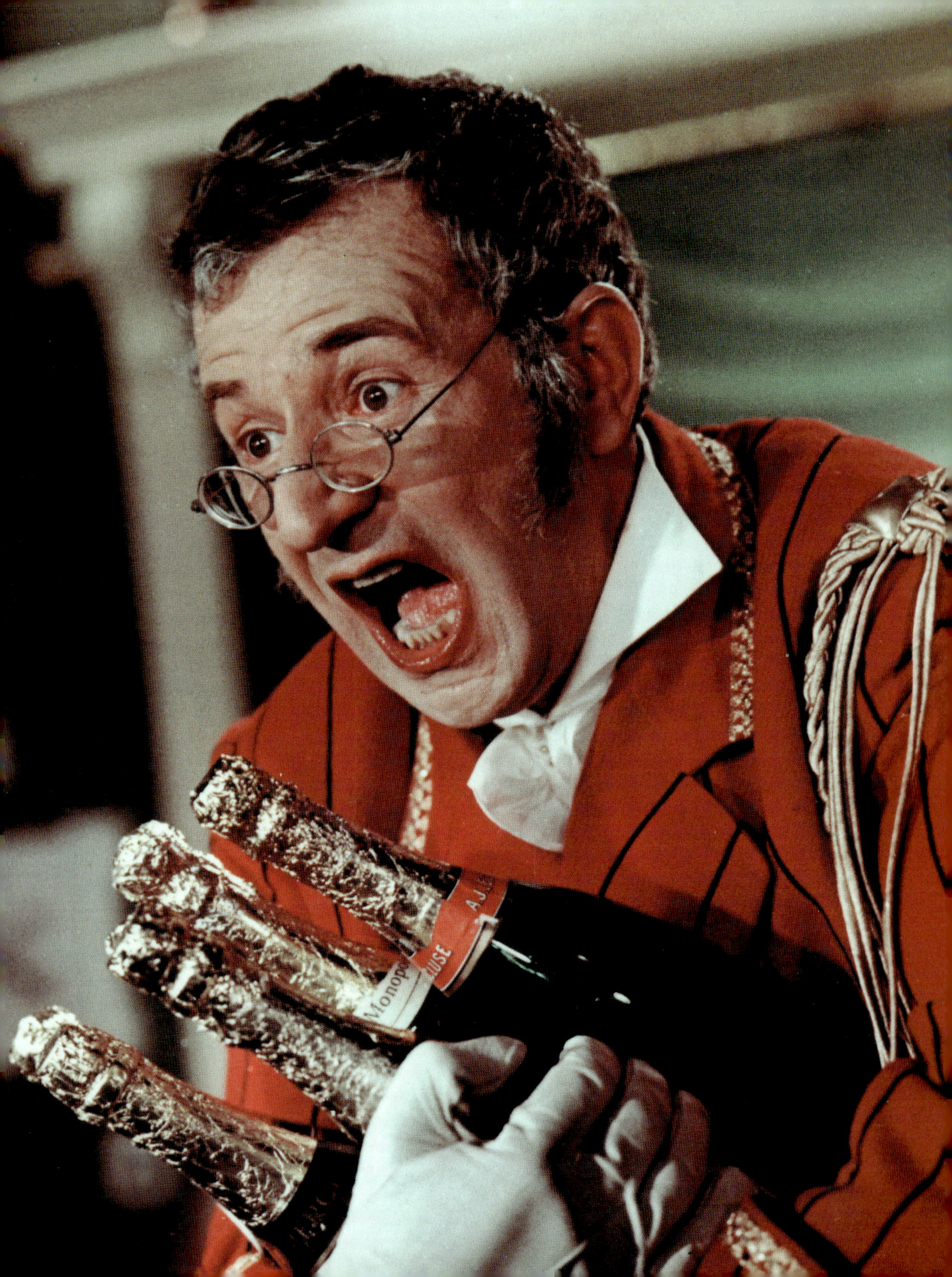

Frechheit siegt – Theateranekdoten

1965: Als Diener Brösel in Jacques Offenbachs *Salon Pitzelberger* in der *Deutschen Staatsoper Berlin*

Melchthal einmal anders

Ich weiß es noch ganz genau: Ich hatte die Rolle des Melchthal (aus Friedrich Schillers *Wilhelm Tell*) für ein Vorsprechen eingeübt und meinem Vater vorgespielt. Nachdem ich geendet hatte, erzählte er mir folgende Anekdote. Ob sie stimmt, ob er überhaupt dabei war – keine Ahnung. Zumindest ist sie lustig.

Auf der Schauspielschule wurden Teile des *Wilhelm Tell* als Szenenstudium einstudiert. Alle Kommilitonen waren beteiligt, unter anderem Ralf Wolter, Fred Düren, Günter Pfitzmann, Günter Stahnke und weitere, so auch mein Vater. Jeder übernahm mehrere Rollen. Mein Vater unter anderem die des Melchthal, Pfitze war Tell, Düren Gessler und ein gewisser Lange Stauffacher. Es wurde hart gearbeitet, denn es war für ein wichtiges Intendantenvorspiel gedacht. Wer hier glänzte, konnte ein gutes Engagement ergattern!

Der große Tag kam!

Das Intendantenvorspiel begann, und mein Vater wartete hinter den Kulissen auf sein Stichwort. Das hätte lauten müssen: »Lässt ihn zu Boden werfen. Den spitz'gen Stahl ihm in die Augen bohren.«

Daraufhin hätte Melchthal aus seinem Versteck stürmen und verzweifelt rufen müssen: »In die Augen, sagt ihr?« Sein berühmter »Augen-Monolog« hätte sich dann angeschlossen.

Hätte, hätte, hätte …

Aber was sagte Lange, der Stichwortgeber, als Stauffacher? »Lässt ihn zu Boden werfen. Den spitz'gen Stahl ihm in die Ohren bohren.«

Aus Auge wurde Ohr! Ist ja alles dicht beieinander. Kann passieren – bei einer Probe. Aber nicht bei einem wichtigen Intendantenvorspiel!

Was machte mein Vater? Was konnte er machen? Wie beschrieben, war das Stichwort »Augen« wichtig für die Rolle des Melchthal. Sollte er nun abbrechen? Niemals! So begann er umzudichten. Aus »Blind also? Wirklich blind, und ganz geblendet?« wurde »Taub also? Wirklich taub, und ganz gehörlos?«.

Und dann ging es erst richtig los: Aus »Oh, eine edle Himmelsgabe ist das Licht des Auges« wurde »Oh, eine edle Himmelsgabe ist das Geräusch«. Aus »Alle Wesen leben vom Lichte« wurde »Alle Wesen leben vom Geräusch«. Aus »Jedes glückliche Geschöpf, die Pflanze selbst kehrt freudig sich zum Lichte« wurde »Jedes glückliche Geschöpf, die Pflanze selbst kehrt freudig sich zum Tone«.

Dann kam der dramatische Höhepunkt: »Sterben ist nichts, doch leben und nichts hören … Ich hab zwei frische Ohren und kann dem tauben Vater keines geben …«

Während vorher noch alle Darsteller vor Schreck erstarrt waren und sich beherrschen konnten, war es spätestens an dieser Stelle aus. Alle drehten sich wie auf Kommando weg und konnten sich nicht mehr vor Lachen halten. Gott sei Dank klang das Lachen wie ein Schluchzen, und alle gingen anscheinend ergriffen, aber unverabredet ab. Mein Vater, der selbst mit dem Lachen zu kämpfen hatte, musste als Melchthal den nachfolgenden Dialog allein beenden.

Wie die Umdichtung bei den Intendanten ankam? Mein Vater wusste es nicht mehr. Nur so viel: Lange bekam kein Engagement.

Die besorgte Wirtin aus Wittenberg

Schauspieler wohnten, wenn sie Anfänger waren, oftmals zur Untermiete in einem möblierten Zimmer. Das hatte zum einen den Vorteil, dass man, wenn man ins nächste Engagement in eine andere Stadt wechselte, keine Möbel mitnehmen musste, zum anderen war die Miete billiger. Meistens waren es Zimmer in einer großen Wohnung. Bad und Küche wurden mit den Vermietern geteilt. Zwangsläufig hatte man aber auch dadurch ein engeres Verhältnis zu ihnen. Oftmals sogar familiär.

So auch in Wittenberg, wo mein Vater möbliert wohnte. Die dortige Wirtin war sehr mütterlich und nahm regen Anteil am Beruf des Untermieters Schäfer. Der hatte bisher nur kleine Rollen spielen dürfen und war darüber sehr unglücklich.

Eines Tages, als die Wirtin ihm seinen Morgenkaffee brachte, bemerkte sie seine gute Laune. Hoffnungsfroh fragte sie ihn: »Haben Sie endlich eine große Rolle bekommen?«

Mein Vater: »Nein, aber ich habe gestern den Mephisto im Funk sprechen dürfen.«

Darauf sie: »Toll, hat er Ihnen Aussichten auf große Rollen gemacht?«

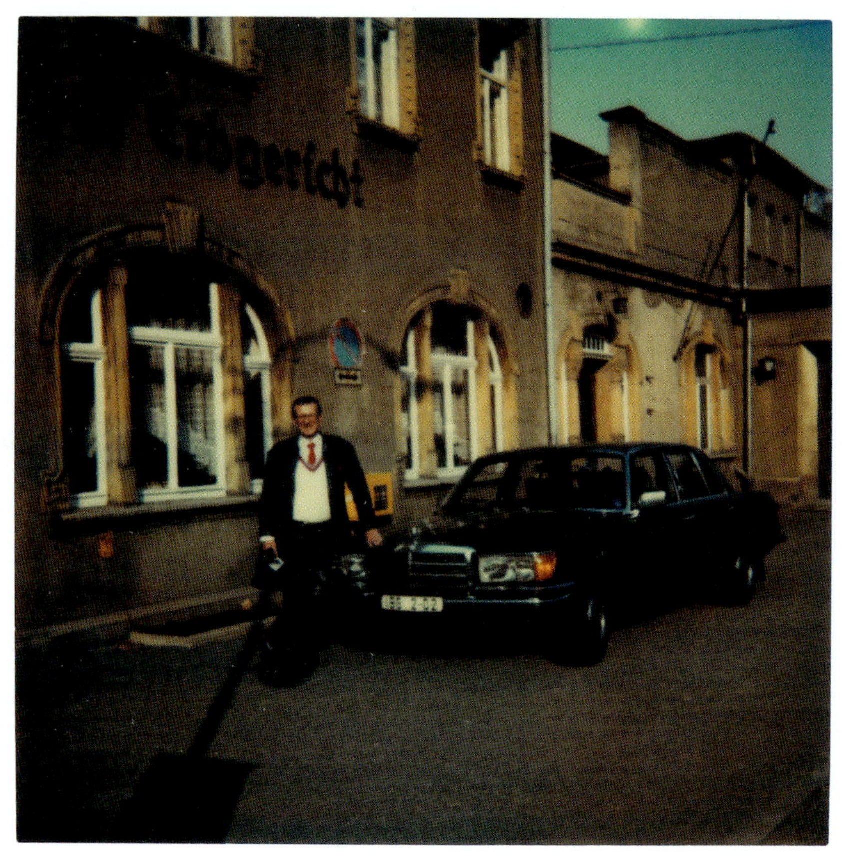

Fünfunddreißig Jahre später: Mein Vater vor einer seiner Anfangsstationen – *Das Erbgericht* in Burgstädt

Powernapping im Souffleurkasten

In Burgstädt bei Chemnitz war mein Vater zwei Jahre lang engagiert, unter anderem mit Peter Borgelt, dem späteren Hauptmann Fuchs im »Polizeiruf 110«. Im dortigen Theater *Das Erbgericht* beziehungsweise auf Gastspielabstechern spielte er in dieser Zeit Rollen verschiedenster Couleur. Komödie, Drama, Operette!

Da konnte es vorkommen, dass man die Rolle verwechselte, zum Beispiel das falsche Kostüm anhatte, oder dass man im Text steckenblieb. So auch bei einem Gastspiel.

Mein Vater war im Dialog mit Peter, setzte an … und dann wurde es dunkel im Kopf. Blackout. Pause. Normalerweise ein Fall für die Souffleuse beziehungsweise den Souffleur.

Aber es muss ein langweiliges Stück gewesen sein, denn die Souffleuse, in diesem Fall Frau Petersen, war kurzzeitig eingeschlafen. Das sahen auch die Protagonisten. Um die Pause zu überbrücken, wandte sich mein Vater an Peter: »Was ich fragen wollte: Was macht eigentlich Frau Petersen? Ich habe lange nichts von ihr gehört«, und schlug dabei auf den Souffleurkasten. Die Souffleuse erwachte, blätterte im Buch – und das Stück ging weiter.

Namen sind Schall und Rauch – manchmal

Aus Verwechslungsgründen hatte mein Vater als Zusatz das »E.« (für Egilhard, sein dritter Vorname) mit in seinen Namen genommen. Immer wieder wurde er mit Schauspieler Gert Schaefer vom *Berliner Ensemble* verwechselt.

Aber es war nicht das erste Mal, dass er es mit seinem Namen schwer hatte. So bei seinem ersten Engagement in Wittenberg. Nach Wochen des Wartens durfte er endlich spielen. In Leo Lenz' Komödie *Die kleine Parfümerie*, einen Italiener. Die Rolle war nicht groß, aber er fiel auf und man lachte über ihn. Wohl auch der Kritiker. Denn am nächsten Tag stand in der Zeitung: »Neues Talent in Wittenberg! Der Schauspieler, der den Italiener in der neuen Komödie spielt, ist hervorragend. Gerd Schröter! Den Namen sollte man sich merken!«

Der Souffleurberuf ist auch nicht leicht

Mit dem Lernen von Texten ist es immer so eine Sache. Mein Vater lernte zwar schnell, aber auch er war nie gefeit davor, den einen oder anderen »Hänger« zu haben, sei es durch Ablenkung, Unkonzentriertheit oder Ähnliches. Manche Texte sind einfach schwer, »in die Birne« zu bekommen, und man braucht dafür etwas länger. Aber zum Glück gibt es den Souffleur, der meistens eine Souffleuse ist, der/die dann hilft. Bei »Maxe Baumann« gab es jedoch keine Soufflage. Da musste man sich selbst retten. Schon aus technischen Gründen. Die installierten Mikrofone hätten den »Hänger« beziehungsweise das Vorsagen übertragen, und das ging natürlich nicht.

Es ist durchaus angenehm, zu wissen, da ist jemand, der einem notfalls über Textklippen hilft. Aber manche nutzen es aus und lernen gar nicht mehr. So geschah es in Weißenfels, wie mein Vater erzählte, wo sich die Schauspieler nur noch auf den Souffleur verließen. Es lag teilweise am übergroßen Repertoire, aber auch vielfach an der Faulheit des Einzelnen. Es ging so weit, dass sich die Kollegen teilweise nur noch um den Souffleurkasten versammelten und kaum agierten. Da konnte es passieren, dass das Publikum, wenn es zu nah saß, die Texte doppelt hörte. Erst vom Souffleur, dann vom Darsteller. Einmal muss es ganz schlimm gewesen sein, so dass ein Zuschauer, der annahm, es käme aus dem Zuschauerraum, während der Vorstellung verärgert und lautstark protestierte: »Ruhe! Nun hören Sie doch endlich auf, alles vorzusagen.«

Wütender Strichvorschlag

Mein Vater kam während seiner Theaterjahre vielfach herum. Wittenberg, Weißenfels, Köthen, Burgstädt … um einige Stationen zu nennen. So lernte er nicht nur viele Theater, sondern auch viele Kollegen kennen. Begabte, unbegabte, sympathische, unsympathische, weniger berühmte, berühmte. So auch Hans Hardt-Hardtloff.

Hans Hardt-Hardtloff, kurz »HHH« genannt, der später bei der DEFA in vielen Filmen zu erleben war (*Tinko*, *Karla* und viele mehr) wurde die Darstellung der Rolle des Faust in Goethes gleichnamiger Tragödie versprochen. Mein Vater sollte den Soldaten Valentin geben.

Unterdessen wechselte jedoch die Theaterdirektion, und man entschied anders. Während mein Vater die Rolle des Valentin behielt – er war auch der einzige junge Schauspieler im Ensemble –, sollte HHH nun Fausts Famulus, den Wagner, geben.

Darüber empört, zumal der neue Faust auch noch ein verhasster Kollege war, machte sich HHH in der Theaterkantine mit Hilfe von einigen Schnäpsen Luft. Dadurch mutig geworden, ging er wankend, mit meinem Vater als Stütze, zum Spielleiter und lallte folgenden Vorschlag: »Faust wird doch immer eingestrichen. Ich hätte da folgenden Strichvorschlag: ›Mein schönes Fräulein, darf ich wagen, meinen Arm und Geleit Ihr anzutragen?‹ Und nun Strich auf Gretchens: ›Heinrich, mir graut's vor dir.‹«

Kaum hatte er den Vorschlag ausgesprochen, da sackte HHH besoffen zusammen.

Ein Märchen

In den Anfängerjahren musste mein Vater in vielen Märchen mitspielen. Besonders beliebt waren »Dornröschen«, »Das tapfere Schneiderlein« oder »Die Schneekönigin«.

Letzteres wurde in Weißenfels gegeben. Es waren alle Kollegen beteiligt.

Mein Vater spielte einen Räuber, seinen Räuberhauptmann ein älterer Kollege. Dieser war etwas klein geraten, dafür um den Bauch umso kräftiger. Das Kostüm war die reinste Katastrophe. Die Ärmel und die Hosenbeine zu lang, die Jacke zu eng, und das Schlimmste: Die Schnallenschuhe, die er tragen musste, waren drei Nummern zu groß. Mindestens.

Er sah aus, wie man früher sagte, als steckte er in den Sachen seines Vaters. Aber man hatte kein anderes Kostüm für ihn.

Die Vorstellung begann, und bald kam die Stelle, in der Kai von der Schneekönigin entführt wurde. Seine Schwester Gerda machte sich nun auf die Suche nach ihm. Sie kam dabei in eine Gegend, wo die Räuberbande hauste.

Der Räuberhauptmann kam hinter einem Felsen hervor, stoppte Gerda und wollte sie wegzerren. Leider trat dabei die Darstellerin der Gerda auf seine viel zu großen Schuhe.

Daraufhin stolperte der Hauptmann und flog in die Kulissen, heißt in den Pappmaché-Felsen. Er zappelte wie eine Schildkröte auf dem Rücken und kam nicht wieder hoch. Die herbeieilende Räubertruppe, zu der mein Vater gehörte, musste ihm hochhelfen und fiel dabei – wie beim Dominoeffekt – mit um. Es war ein heilloses Durcheinander.

Der Regisseur, der nur den Krach gehört hatte, rannte auf die Bühne, rief zum Hauptmann: »Sind Sie gefallen?!«

Darauf der Darsteller des Hauptmanns: »Ich habe gefallen!«

Denn das Publikum kugelte sich vor Lachen und schrie: »Da capo!«

Geschwängert?!

Wie schon erwähnt, arbeitete mein Vater in seiner Theaterzeit meistens in kleineren Städten. Also in der Provinz. Der Vorteil war: Man kannte sich. Der Nachteil: Jeder wusste von jedem.

Mein Vater war kein Kind von Traurigkeit. Drei Ehen und einige Affären zeugen davon.

Bei einer Vorstellung in Weißenfels hatte mein Vater einen Achtungserfolg gehabt, und der Applaus, den er bekam, war sehr groß. Plötzlich stand ein Zuschauer auf und schrie: »Der hat meine Tochter entehrt, und sie bekommt ein Kind!« Gott sei Dank beachtete ihn keiner, und mein Vater konnte unbehelligt die Bühne verlassen.

Übrigens: Entehrt mag stimmen, aber geschwängert hat er nur meine Mutter!

Der Brief

Auch kleinere Bühnen hatten in den 1950ern den Auftrag, große Dramen-Klassiker zu spielen. Aber für diese großen Bühnenstücke gab es wenig Personal.

So spielte zum Beispiel bei den *Räubern* von Friedrich Schiller oftmals ein Schauspieler Karl und Franz Moor. Das war möglich, da sich diese Rollen auf der Szene nie begegneten. Aber es war nicht bei allen Stücken so einfach.

Zum Beispiel bei Schillers *Wilhelm Tell* in Wittenberg. Beim Tod des alten Attinghausen stand das gesamte Personal auf der Bühne. Der Schauspieler, der die Figur des Attinghausen in vier Aufzügen gespielt hatte, war jetzt anderweitig wichtig besetzt und befand sich schon auf der Szene. Somit gab es keine Möglichkeit, Attinghausen in Echtzeit sterben zu lassen. Es sei denn, der Schauspieler wäre Bauchredner und eine Puppe würde hingesetzt.

Was nun? Weglassen ging nicht, es ist eine Schlüsselszene. Die Einigkeit wird darin proklamiert.

Da erinnerte sich der Intendant an eine pfiffige Idee, die ein anderes kleines Haus hatte, als es mit dem gleichen Problem konfrontiert war. So ließ er, als die Szene dran war, einen Brief hereinreichen, den ein Darsteller, es war mein Vater, verlesen musste: »Brief vom Sekretär vom Freiherr von Attinghausen. Er sei gestorben und lässt euch bestellen, ihr sollt einig, einig, einig sein!« – Problem gelöst!

Ganz egal

Zu Zeiten der Anfängerjahre meines Vaters war die Theaterlandschaft zwar groß, aber die Theater waren nicht übermäßig voll. Aber wenn sie voll waren, durfte die Vorstellung, egal aus welchen Gründen, nicht ausfallen.

So in Weißenfels. Dort wurde eine Komödie angesetzt, die längere Zeit nicht auf dem Spielplan stand. Zusätzlich fiel der jugendliche Komiker kurzfristig aus, und mein Vater sollte einspringen. Es war wenig Zeit zum Proben, so dass das ganze Ensemble unsicher war, oder, wie man im Theaterjargon sagt, es schwamm!

Mein Vater hatte nicht mal Zeit, das Stück in Gänze durchzulesen, geschweige denn zu lernen. Er beichtete einem erfahrenen Ensemblemitglied seine Unsicherheit. Der Kollege lächelte und sagte: »Egal, erzähle irgendetwas. Es wird immer noch besser sein als das, was wir sagen.«

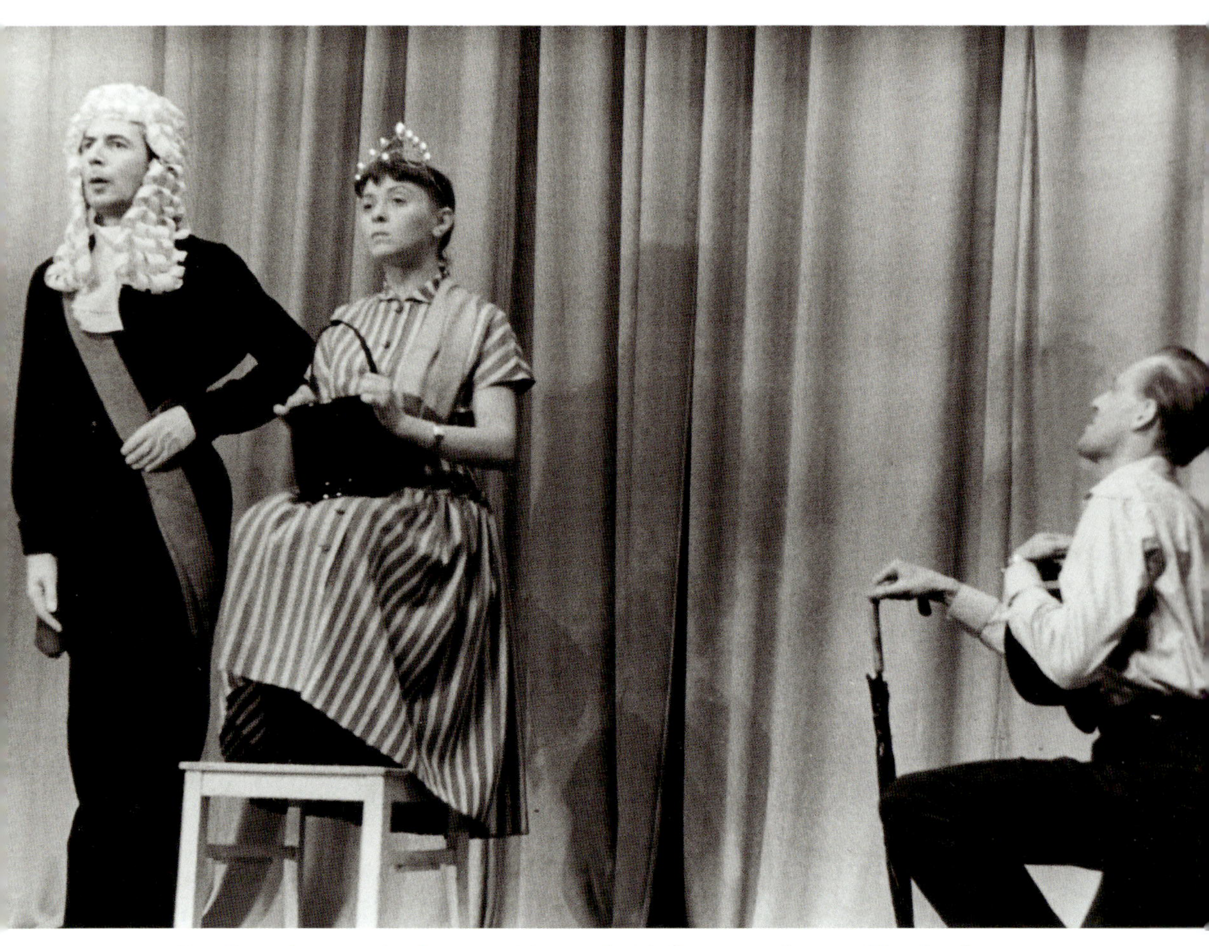

Die Distel, 1959: Links mein Vater als Hofrat von Queen Elisabeth, mit Kabarett-Ikone Gina Prescott und Herbert Köfer

Und tschüss

Der Beruf des Intendanten ist ein verantwortungsvoller, nervenaufreibender Job. Täglich müssen Entscheidungen gefällt, muss auf Mitarbeiter eingegangen werden. In Burgstädt hatte zur Zeit meines Vaters Edgar Schatte den Posten inne. Er war ein guter, zuverlässiger, ausgeglichener Intendant. Aber zum Ende der Spielzeit gehen manchmal auch einem entspannten Intendanten die Nerven durch.

So zum Ende der Spielzeit 1954/55. Da rief der Intendant die Belegschaft zur Vollversammlung zusammen. Alle warteten gespannt. Was wird er verkünden? Wird das Theater aufgelöst, tritt er zurück?

Der Intendant trat ans Pult, sah in die Gesichter, sagte: »Gott sei Dank [das als Genosse, Anm. d. Autors], ich muss euch sechs Wochen nicht sehen. Schönen Urlaub!« – und verschwand.

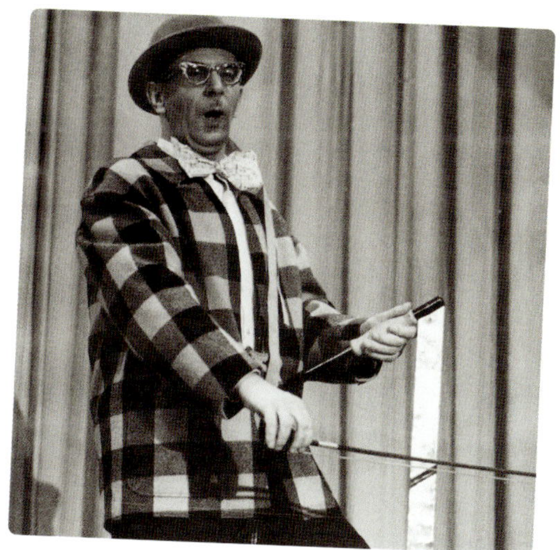

Die Distel, **1961**

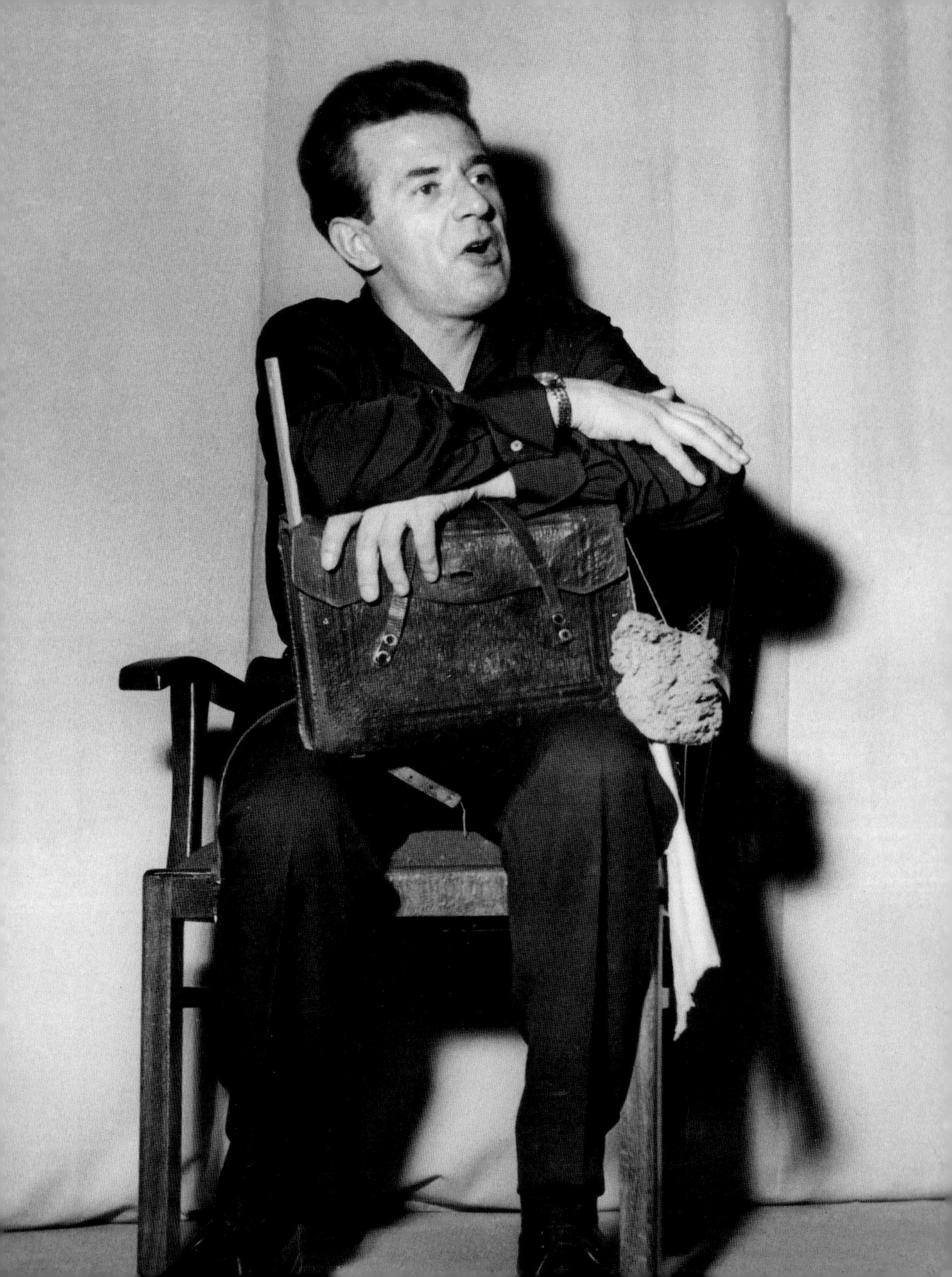

Einstellung

Mein Vater war in jungen Jahren privat etwas unscheinbar. Nicht sehr hübsch, wirkte auch etwas ernst.

Als Erich Brehm, Intendant des Kabaretts *Die Distel*, meinen Vater engagierte, fragte er ihn: »Wie lange sind Sie schon am Theater?«

»Seit neun Jahren.«

»Aha«, sagte Brehm, »und Ihr letztes Engagement war in Burgstädt. Da haben Sie vielfach in komischen Rollen gespielt?!«

»Ja, meistens zumindest.«

»Und die Leute haben über Sie gelacht?«

»Ja, sehr«, sagte mein Vater.

»Mmh«, meinte Brehm nachdenklich und guckte meinen Vater eindringlich an. »Aber wie bekomme ich die Leute aus Burgstädt nach Berlin in *Die Distel*?!«

Mein Vater wurde trotzdem engagiert und blieb dreizehn Jahre, da war Brehm längst abgelöst.

**Der erste Auftritt meines Vaters in der *Distel*.
Es sollten noch Tausende folgen.**

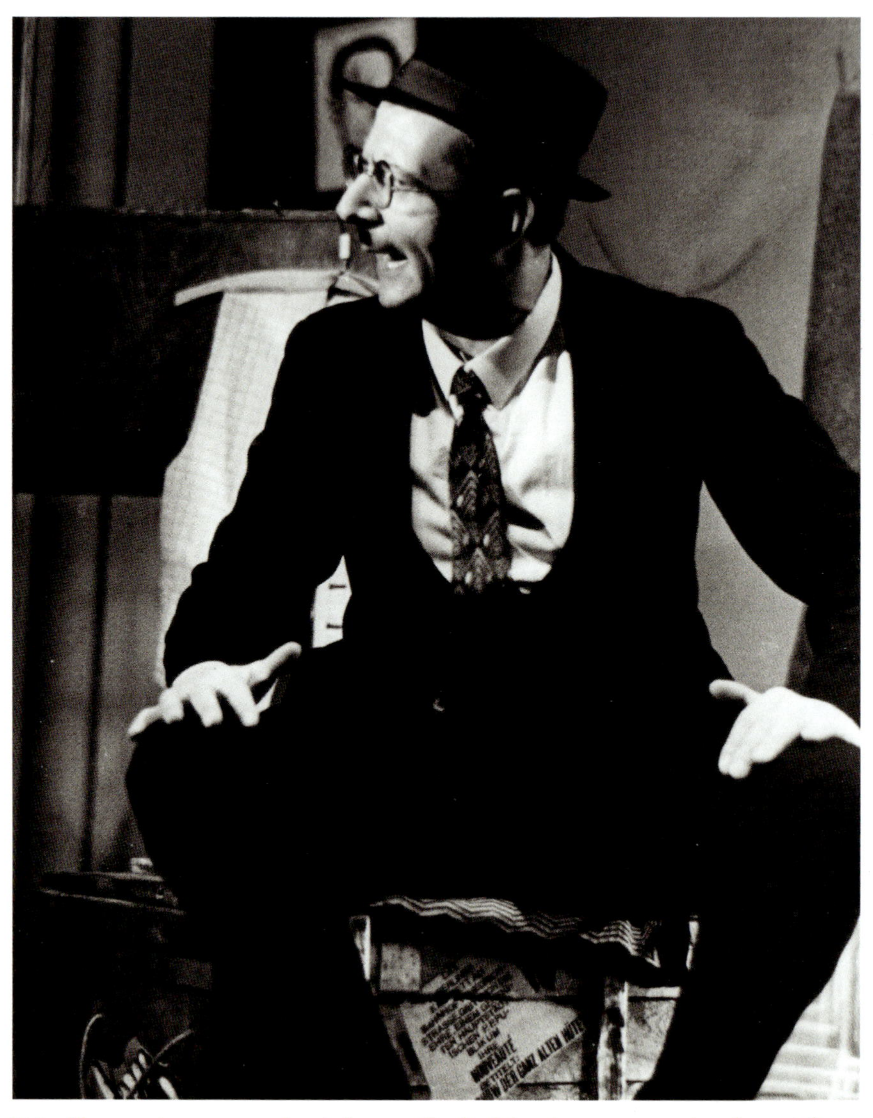

Wird heute immer noch als beste Tucholsky-Interpretation bezeichnet: »Ein älterer, aber leicht besoffener Herr«. 1968 wurde die Interpretation meines Vaters auf der AMIGA-LP »Lyrik, Jazz, Prosa« verewigt.

1959: »Der Gesamtberliner « – mit dieser Figur wurde mein Vater zum Star der *Distel*.

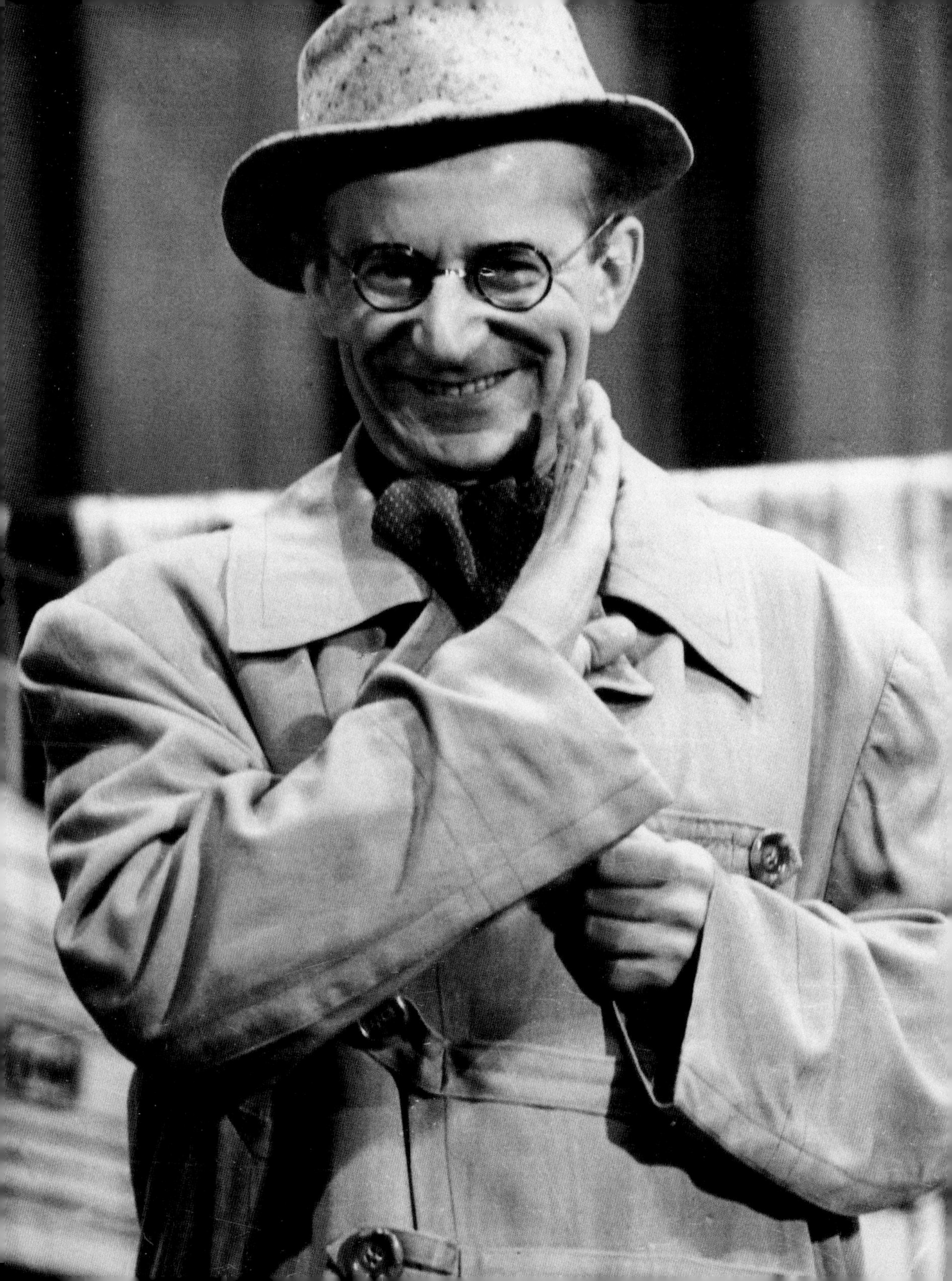

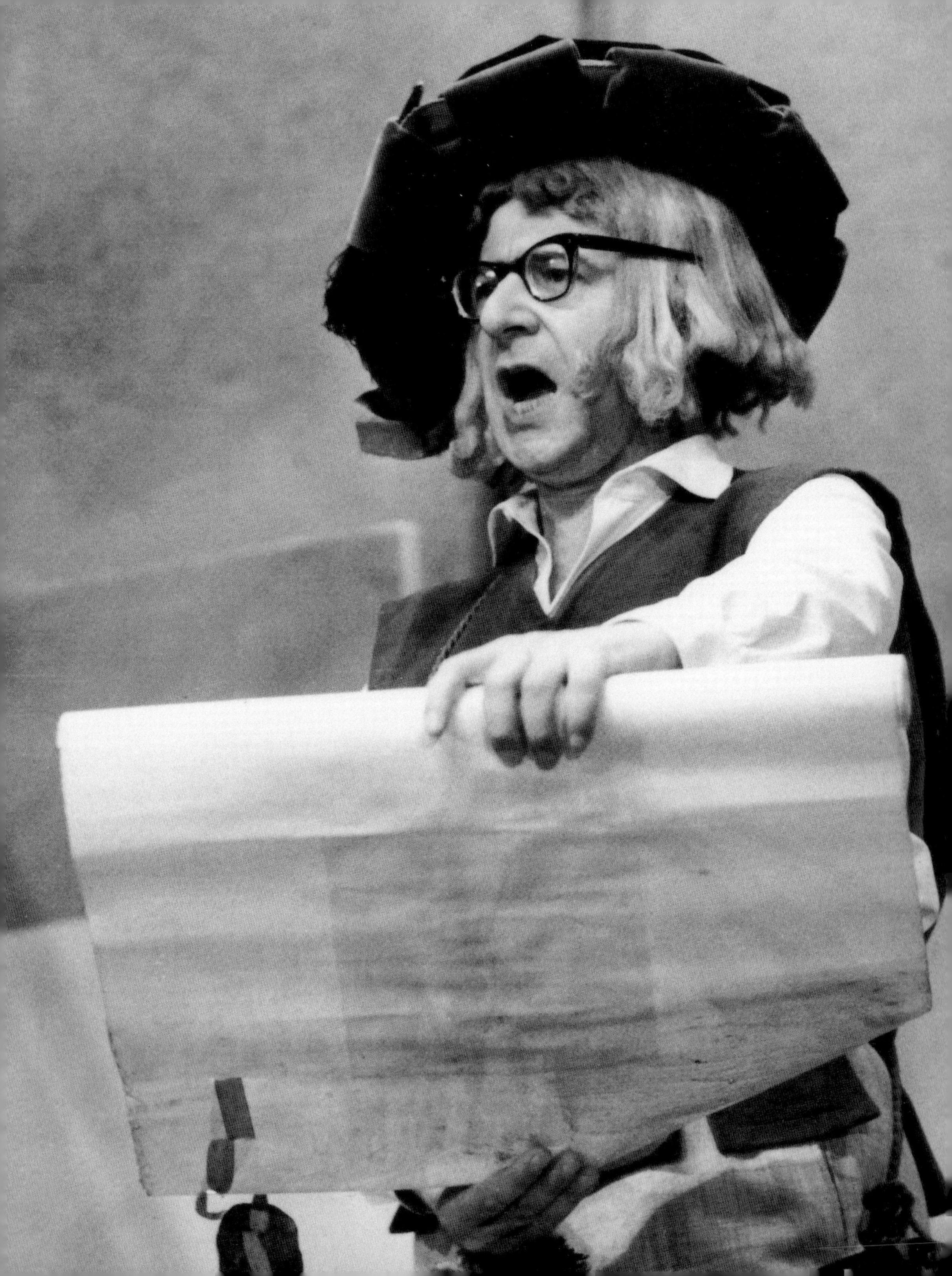

Falsche Ecke

Es war bei einem *Distel*-Programm. Mein Vater sollte in einer »Götz von Berlichingen«-Parodie, so die Anweisung, auf die Tischkante hauen, und die Ecke sollte abbrechen und auf seinen Fuß fallen. Daraufhin sollte er unter vorgespielten Schmerzen das berühmte Zitat sagen: »Leckt mich im …« – Sollte! Konjunktiv!

Wichtig war, dass der Tisch für diesen Effekt immer richtig stand. Bei circa vierzig Vorstellungen ging es gut. In der einundvierzigsten war der dafür zuständige Requisiteur nicht da, und ein anderer stellte den Tisch hin. Mein Vater, als Götz, haute nun, wie gewohnt, auf den Tisch. Aber der Tisch war falsch herum gestellt, so dass die Ecke auf der gegenüberliegenden Seite abbrach und Heinz Draehn, der den Gegenspieler mimte, sie auf den Fuß bekam. Daraufhin schrie nun Draehn das berühmte Zitat – und humpelte ab.

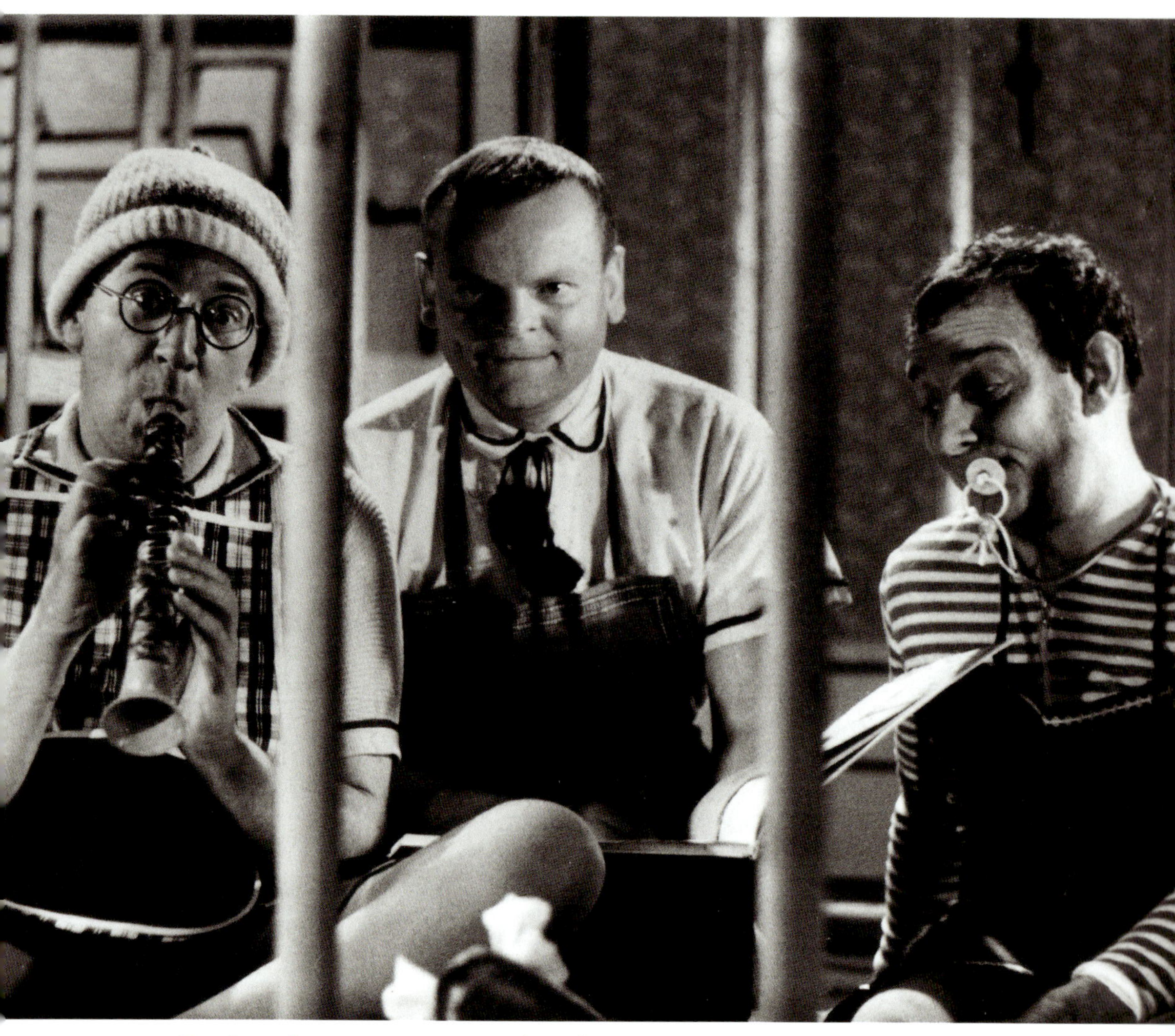

Die Distel, 1959: Mein Vater (links) als Kind mit Werner Lierck (rechts)

Frechheit siegt

In den 1950er Jahren war mein Vater eng mit dem Kabarettisten und DEFA-Schauspieler Werner Lierck befreundet. Beide waren mehrere Jahre gemeinsam am Berliner Kabarett *Die Distel* engagiert, und beider Karrieren hatten an diesem Haus ihren Ursprung. Oft gingen sie nach der Vorstellung in die berüchtigte *Hajo-Bar*, die sich in der Nähe des *Berliner Ensemble* befand. Die war beliebt und immer voll.

So auch an diesem Abend. Nur ein Platz war noch an einem Zweiertisch frei. An diesem saß ein einzelner Herr bei einem Glas Bier. Lierck, immer witzig, immer provokant, immer frech, raunte meinem Vater zu: »Ich besorg uns die Plätze.« Er solle kurz warten.

Lierck setzte sich also an den besagten Zweiertisch, bestellte ein Bier und starrte dem Mann ins Gesicht.

Nach kurzer Zeit fragte der Mann irritiert: »Kennen wir uns?«

Lierck darauf: »Glaube nicht«, und starrte ihn weiter an.

»Und warum sehen Sie mir dann unentwegt ins Gesicht?«

»Ich? Ach, ich gucke nur ins Leere«, sagte Lierck und starrte ihn weiter an.

Der Mann ging kurze Zeit später entnervt, und mein Vater hatte seinen Platz.

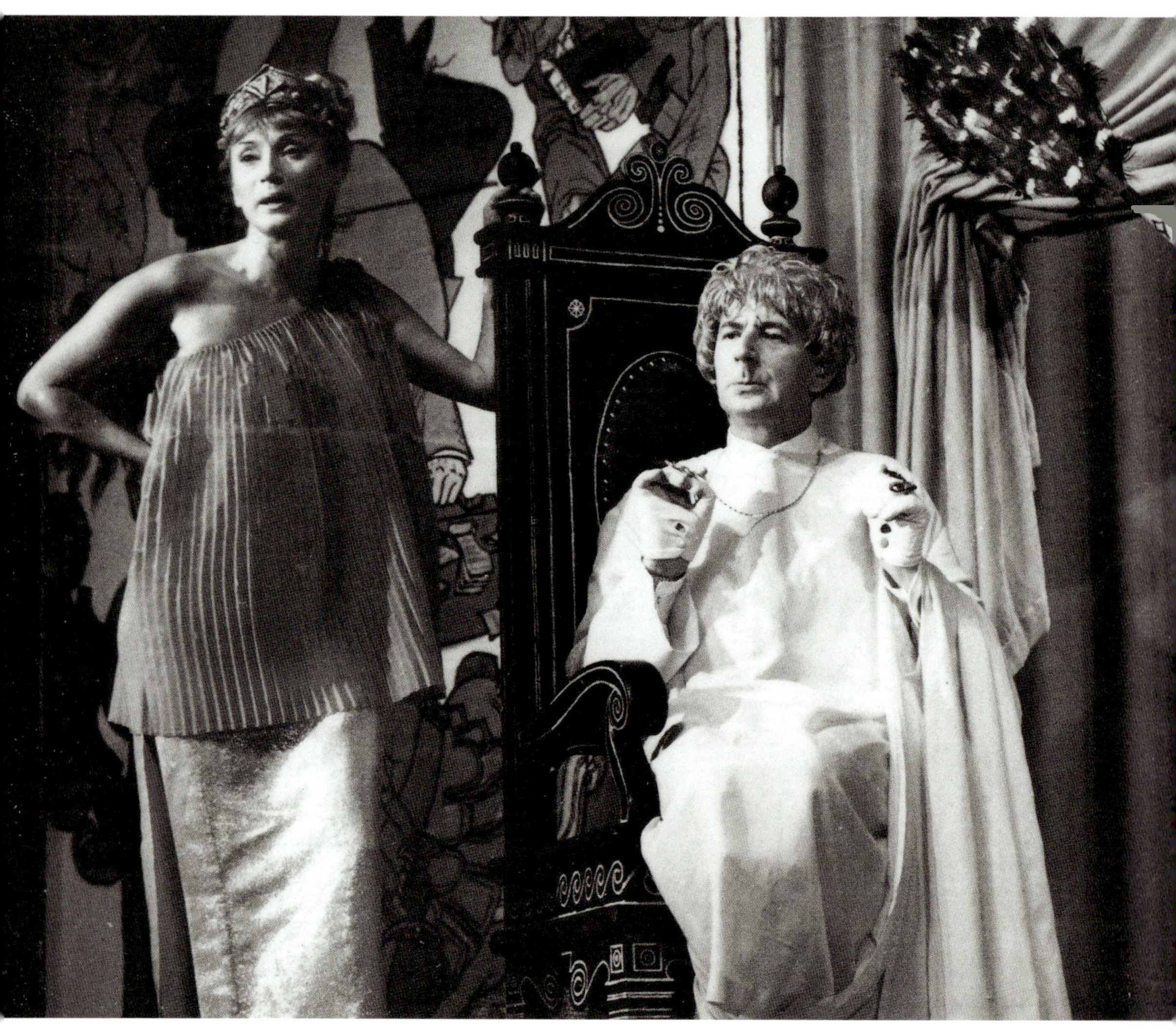

Die Distel, 1959: Mein Vater als »Nero« mit Hanna Donner als Poppea

Feiern ohne Ende

Zur *Distel*-Zeit in den 1950ern wurde viel gefeiert. Vor allem nach Premieren – bis zum Abwinken. Aber manche winkten früher, manche später, und manche konnten gar nicht mehr winken.

Es war seine erste Premiere dort. Herbert Köfer, Werner Lierck und er fanden kein Abwink-Ende und gingen von Etablissement zu Etablissement beziehungsweise von Kneipe zu Kneipe.

Unterwegs trafen sie den Dichter Kurt Barthel, »Kuba« genannt, den Lierck und Köfer kannten. Lierck stellte meinen Vater vor und erzählte, sie hätten Premiere gehabt und es wäre ein voller Erfolg gewesen.

Kuba gratulierte und fragte überrascht: »Heute?«

Darauf lallte mein Vater: »Nein, vorgestern!«

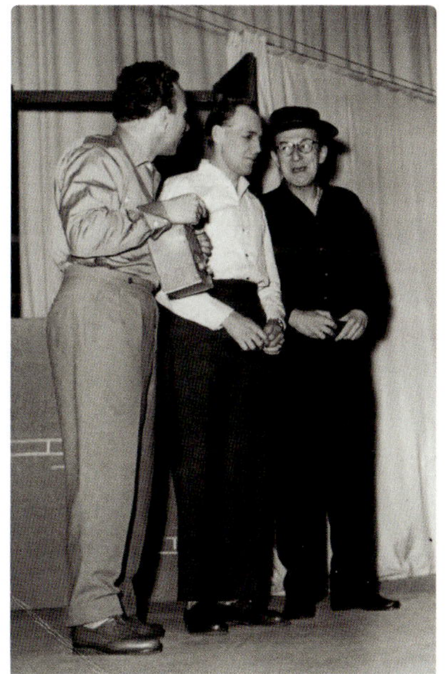

Drei Kabarettisten der *Distel* und Freunde (von links nach rechts): Werner Lierck, Herbert Köfer, mein Vater

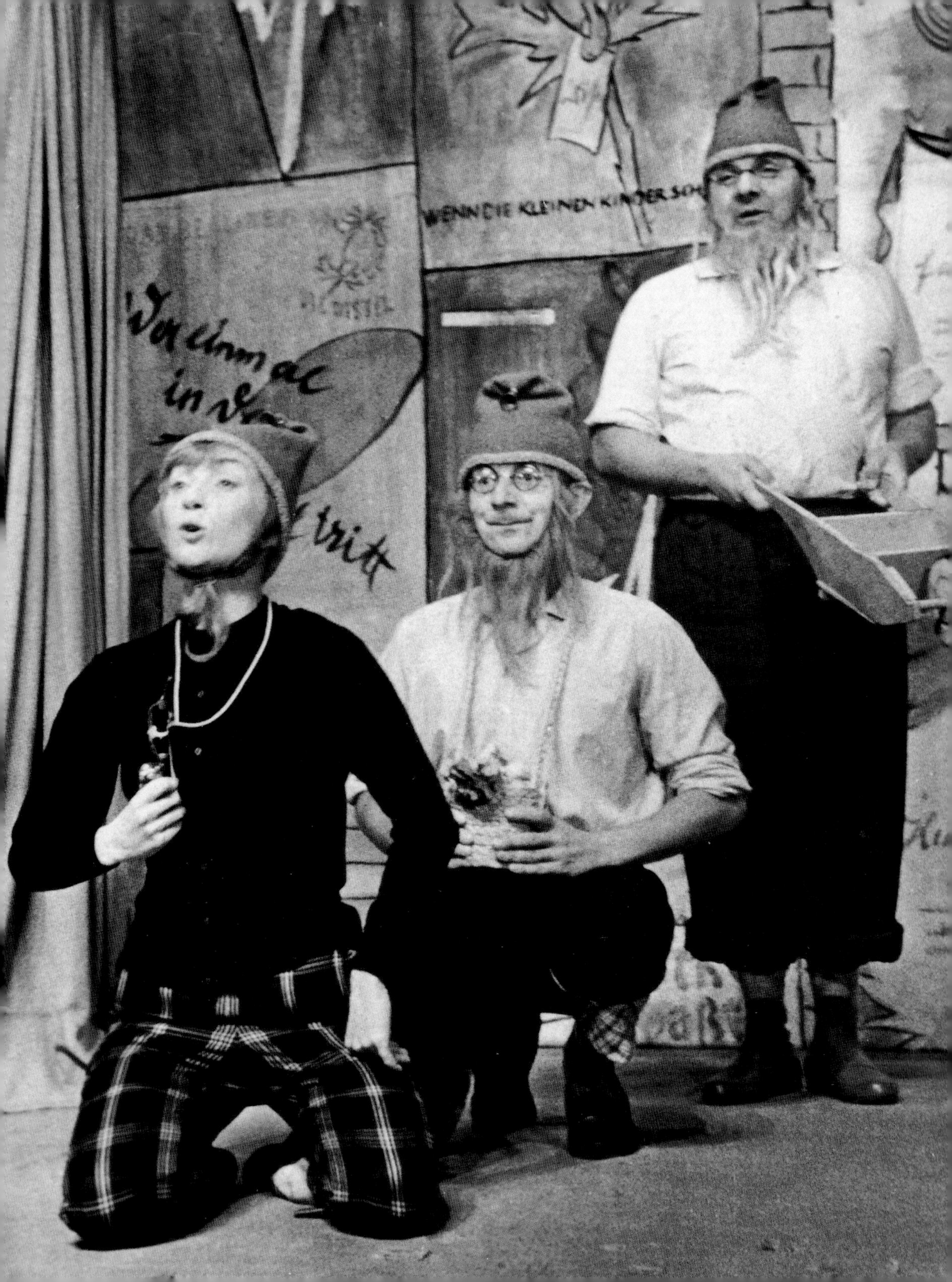
WENN DIE KLEINEN KINDER

Der Bart

In der *Distel*-Zeit gab es den Kollegen Gustav Müller, unter anderem bekannt durch die Sendung »Da lacht der Bär«. Er verkleidete sich gern für die einzelnen Kabarettnummern. Ob Hüte, Mützen, Brillen, Bärte – nichts war sicher vor ihm.

Mein Vater war noch ziemlich neu in der *Distel*, begrüßte ihn, als dieser gerade einen Vollbart anlegte. Müller erkannte ihn nicht. Mein Vater: »Aber Gustav, ich bin es doch, Gerd.«

Müller darauf: »Gerd? Ach ja, entschuldige, aber wenn ich einen Bart trage, erkenne ich keinen Menschen.«

Die Distel, 1960: Drei von sieben Zwergen mit Hanna Donner (vorn) und Gustav Müller (hinten, mit Bart)

Gastfreundschaft

Wolfgang E. Struck, der legendäre Intendant des alten *Friedrichstadt-Palastes*, auch »Tropfsteinhöhle« genannt, lud nach den Vorstellungen gern Gäste ein, um mit ihnen zu feiern. Dazu kamen auch viele unbeteiligte Künstler. Nach dem Motto: »Gesehen und gesehen werden.«

So auch nach der Vorstellung der Revue »Achtung Kurven«, unter anderem mit Hans-Joachim Preil und meinem Vater. Dort lobte der Künstler Fritz D. die Gastfreundschaft des Intendanten, insbesondere seine Bewirtung, und ließ dabei anklingen, man könnte ihn doch auch mal im *Friedrichstadt-Palast* auftreten lassen. Darauf Struck: »Wenn ich Sie bei mir auftreten lasse, könnte ich Sie bald nicht mehr so wunderbar bewirten.«

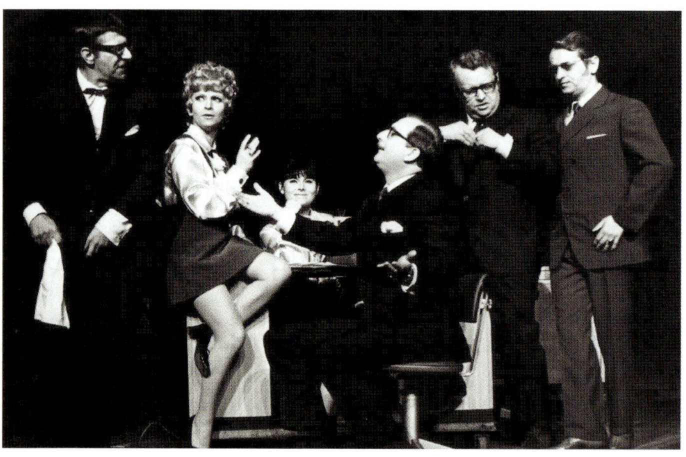

Palastical, 1969: »Warenhaus der guten Laune« – Revue im *Friedrichstadt-Palast*, unter anderem mit Hans-Joachim Preil und Manfred Uhlig

1980er Jahre: Während einer Festveranstaltung

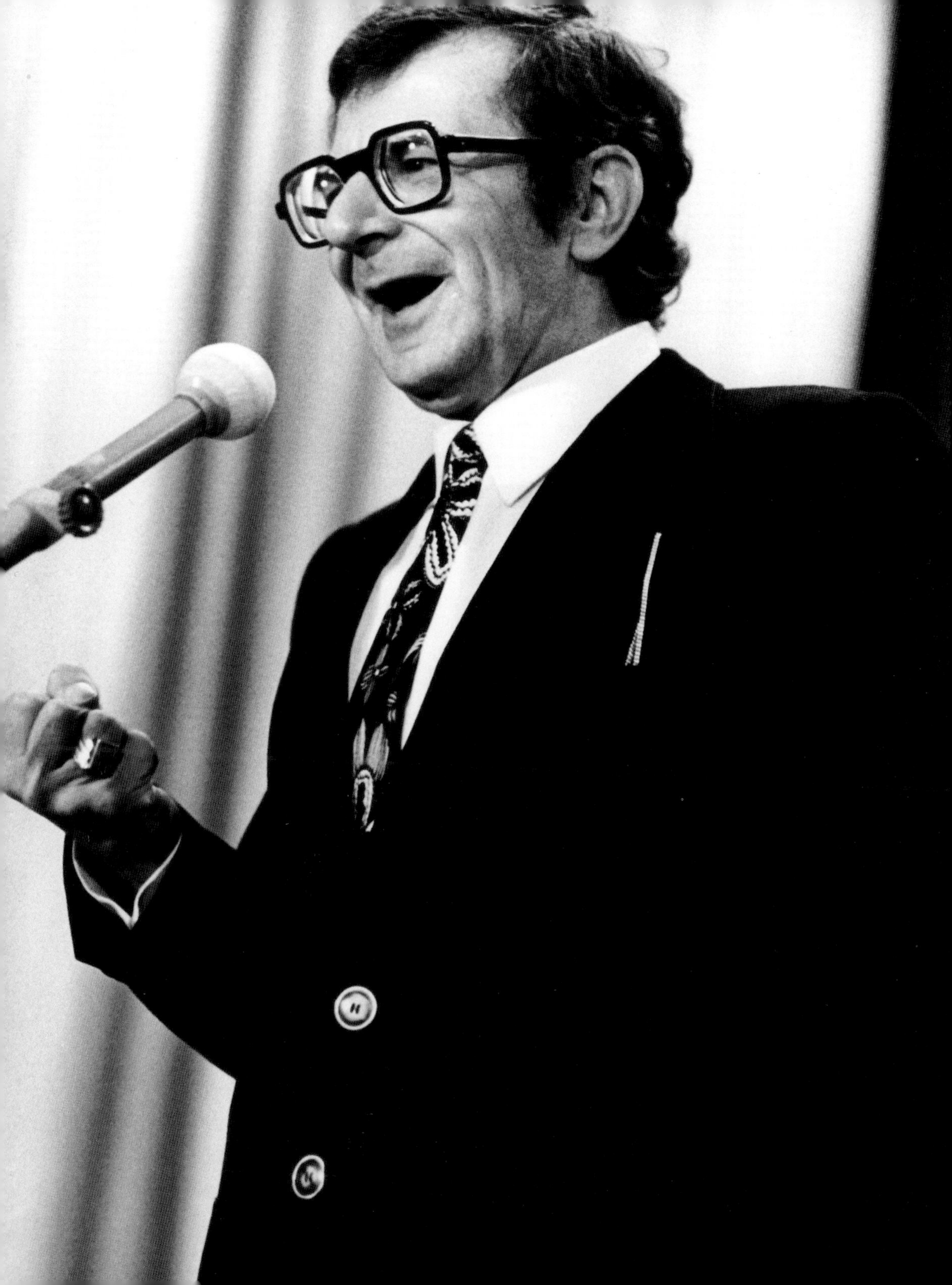

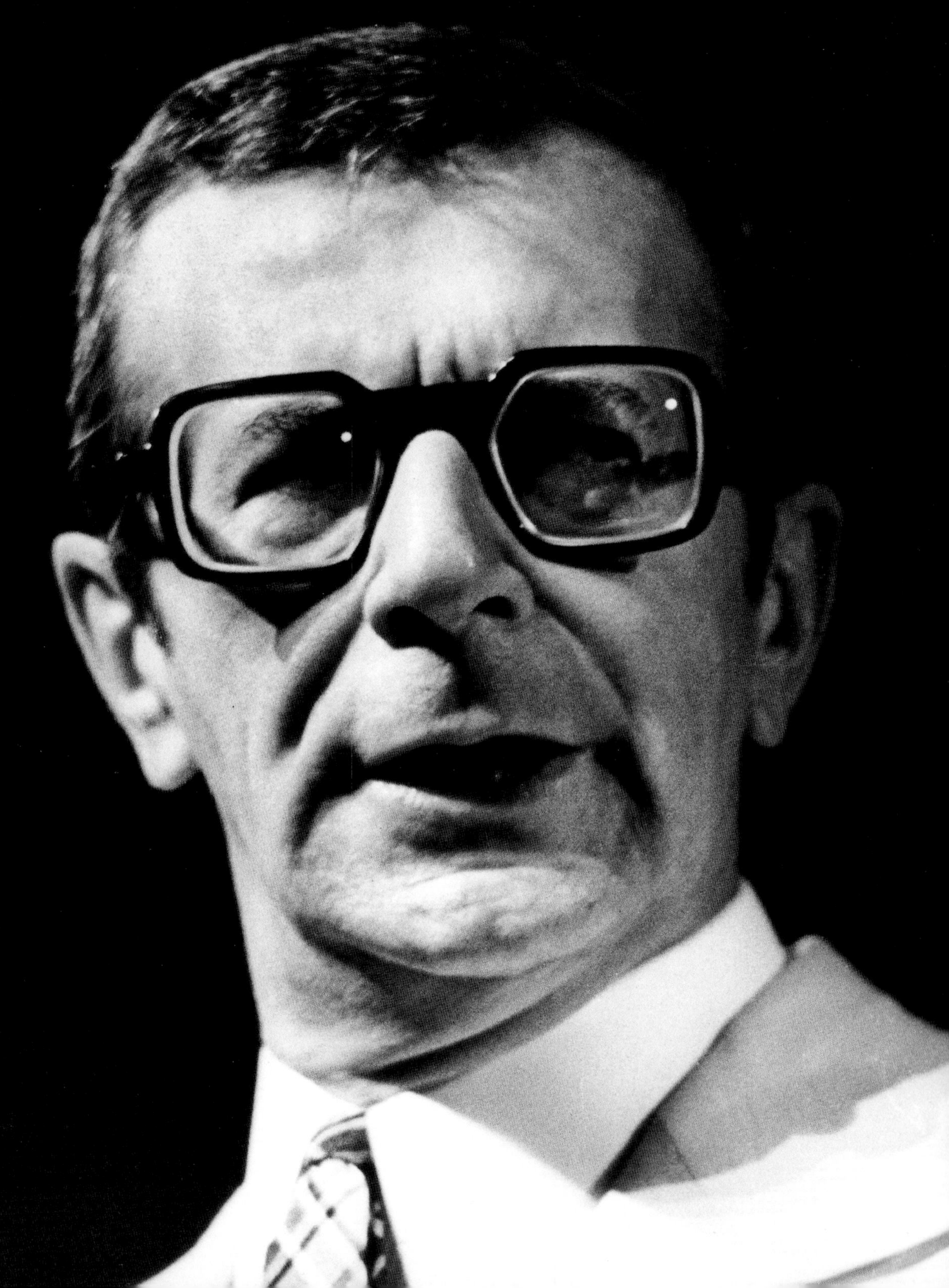

Opernball

Mein Vater moderierte in den 1970ern mehrmals den Opernball in der *Deutschen Staatsoper Berlin*. Es war eine schöne Aufgabe, jedoch wurden die Texte von Jahr zu Jahr schwächer, und es ärgerte ihn. Aber er schien einer der wenigen zu sein, die es bemerkten. So weit, so gut.

In einer Szene mussten sich die Kammersängerin Edda Schaller und der Kammersänger Peter Olesch lautstark streiten. Mein Vater sollte dazwischengehen und schlichten.

Dem Regisseur war der Streit aber zu laut, und er rief: »Bitte leiser, wir wollen doch keine Toten aufwecken!«

Da sagte mein Vater zu Edda und Peter: »Stimmt. Es genügt, wenn die Lebendigen schlafen.«

Er wurde danach nicht mehr von diesem Regisseur besetzt.

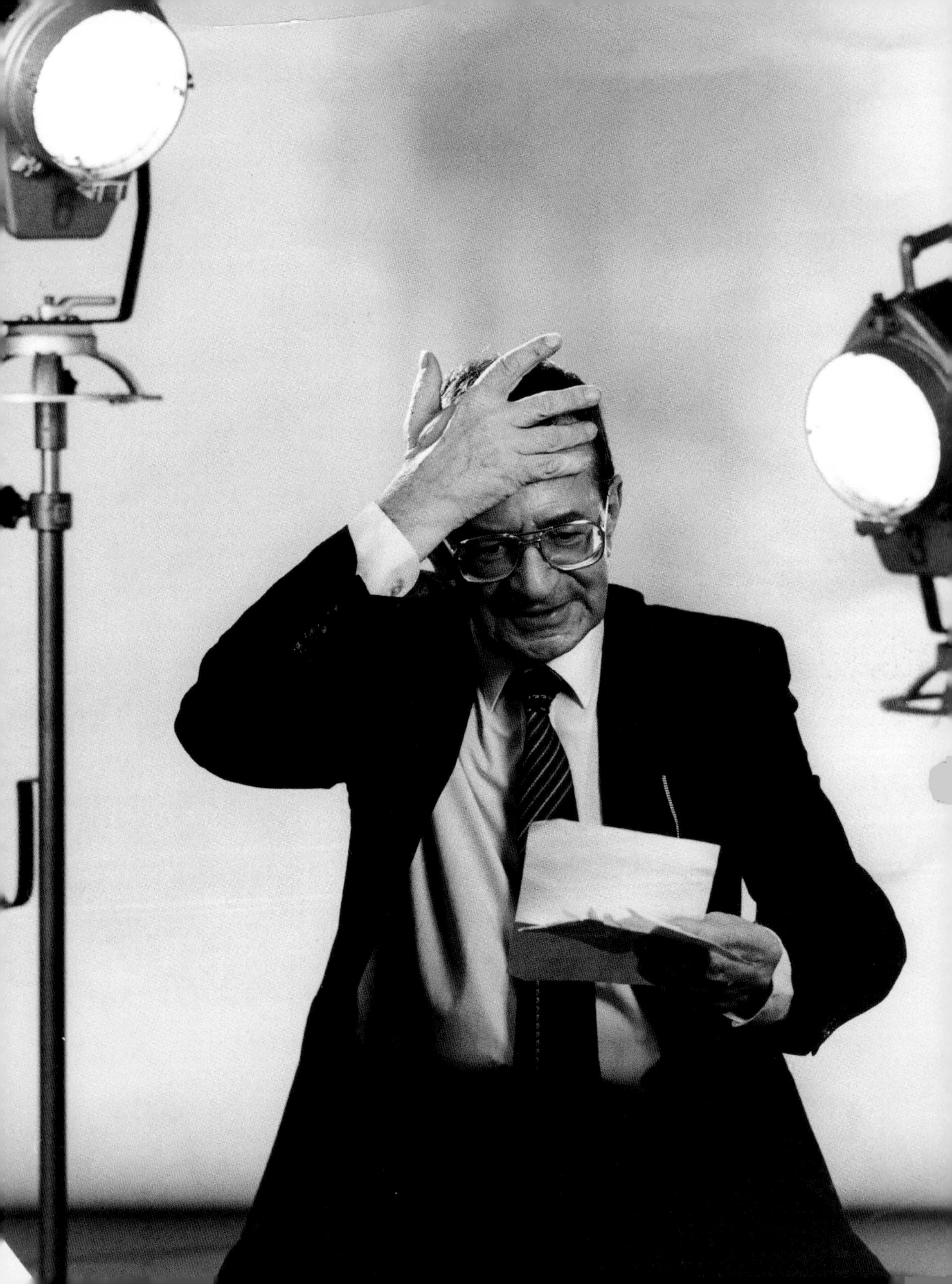

Erna, zügel dir! – Fernseh- und Filmanekdoten

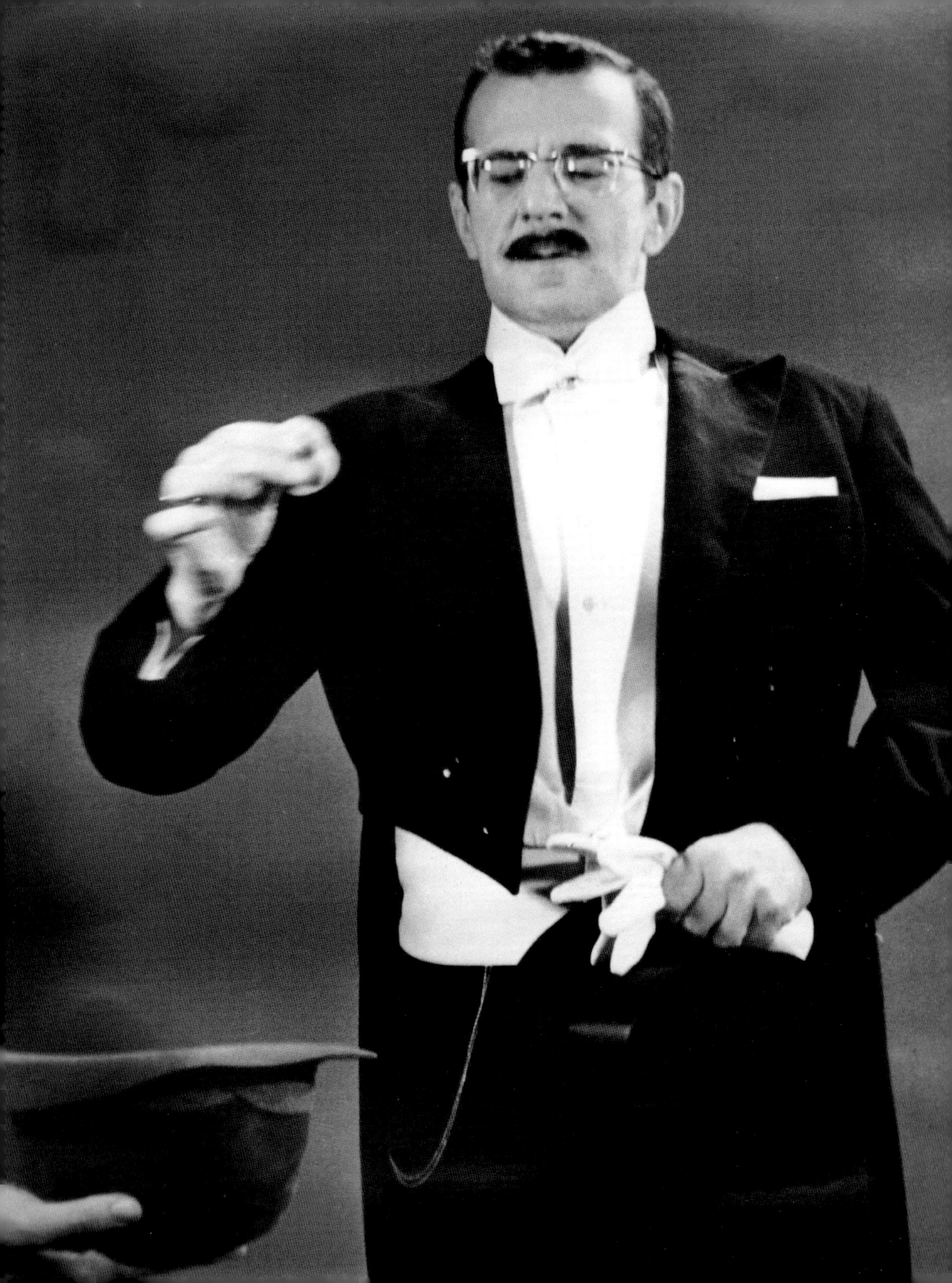

Die Sonne geht unter!

Es gab einen Kollegen, Gerhard R. Der spielte unter anderem im Märchenfilm *Die goldene Gans* mit. Obwohl er privat ein sehr freundlicher, bescheidener Kollege war, hatte er im Film nur negative Charaktere gespielt. Wahrscheinlich aus physiognomischen Gründen, denn er kam auf dem Bildschirm, wie es im Schauspielerjargon heißt, als »Brunnenvergifter« rüber.

R. beschwerte sich darüber bei den Kollegen in großer Runde. Peter Dommisch, der ebenfalls in der *Goldenen Gans* mitspielte, sagte dazu: »Das ist eben so. Wenn Gerd E. zur Tür reinkommt, einen guten Morgen wünscht, lachen alle, sind heiter gestimmt. Wenn du reinkommst und einen sonnigen Morgen wünschst, geht eben bei allen sofort die Sonne unter.« Schönes Kompliment!

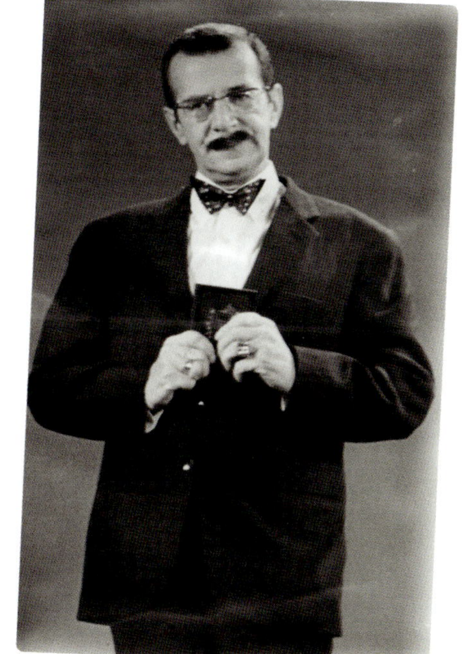

Darstellerporträts aus den 1960ern

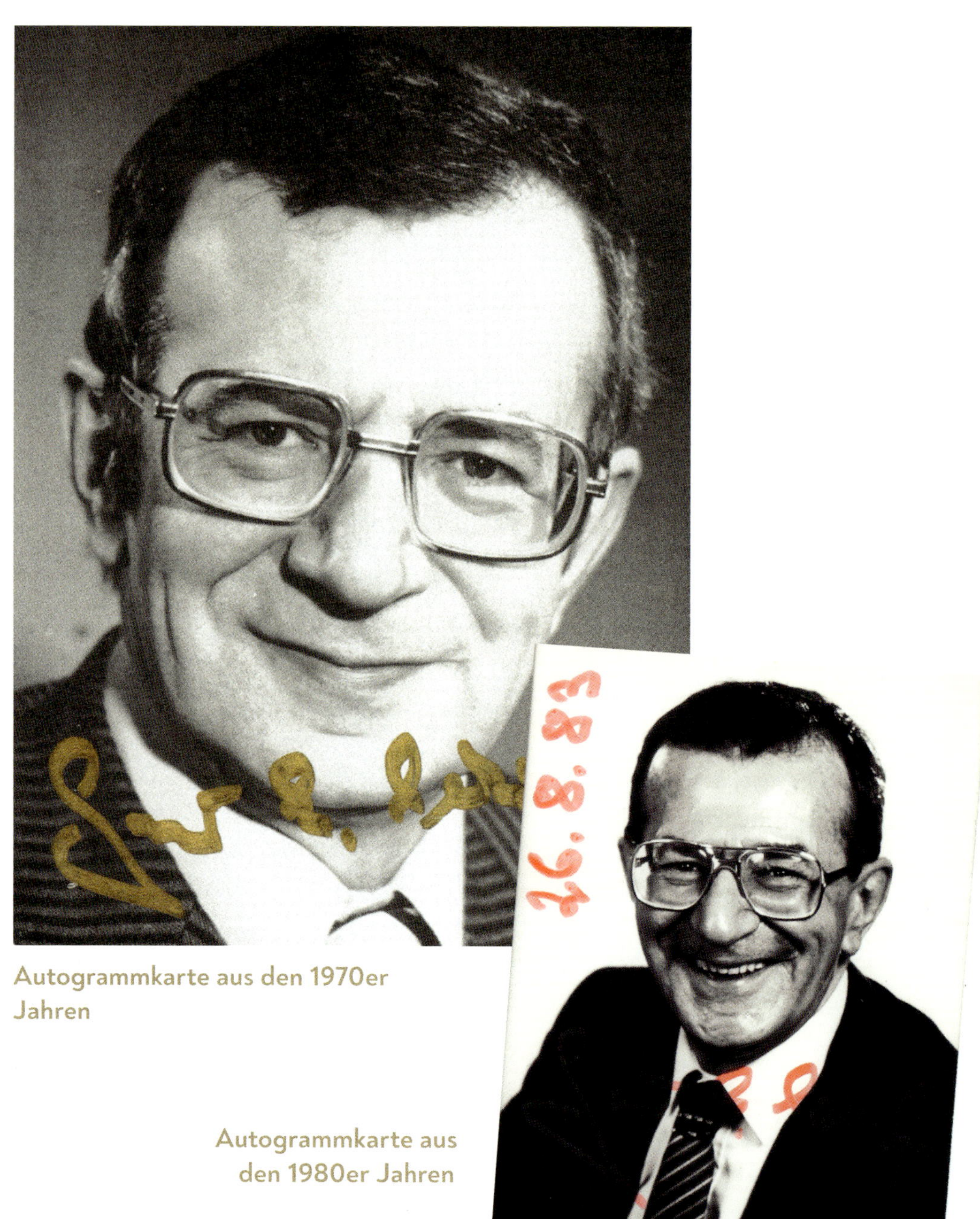

Autogrammkarte aus den 1970er Jahren

Autogrammkarte aus den 1980er Jahren

Unerkannt

Es muss in den 1970ern gewesen sein. Mein Vater, damals schon ein sehr bekannter Schauspieler, wurde plötzlich auf der Straße von einem Mann lautstark begrüßt: »Gerhard? Gerhard Schäfer?«

Mein Vater, überrascht, er wurde sonst immer mit Gerd E. angesprochen, antwortete: »Ja, bitte?«

Der Mann breitete seine Arme aus: »Kennst du mich nicht mehr?«

»Tut mir leid. Sollte ich?«, fragte mein Vater vorsichtig.

»Was? Ich bin es, Peter Kuchenbrand. Wir sind zusammen aufs Gymnasium gegangen. Wir saßen sogar nebeneinander«, erwiderte der Mann und drehte sich dabei wie ein Model um die eigene Achse.

Langsam dämmerte es meinem Vater: »Ach ja! Lang ist es her.«

Darauf der Schulkamerad: »Na also. Wie geht es dir? Was hast du die ganze Zeit gemacht?«

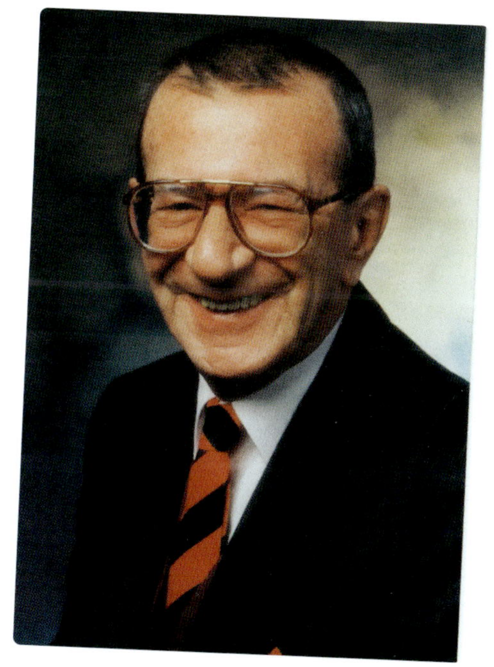

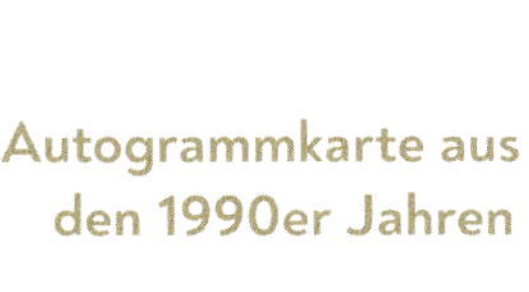

Autogrammkarte aus den 1990er Jahren

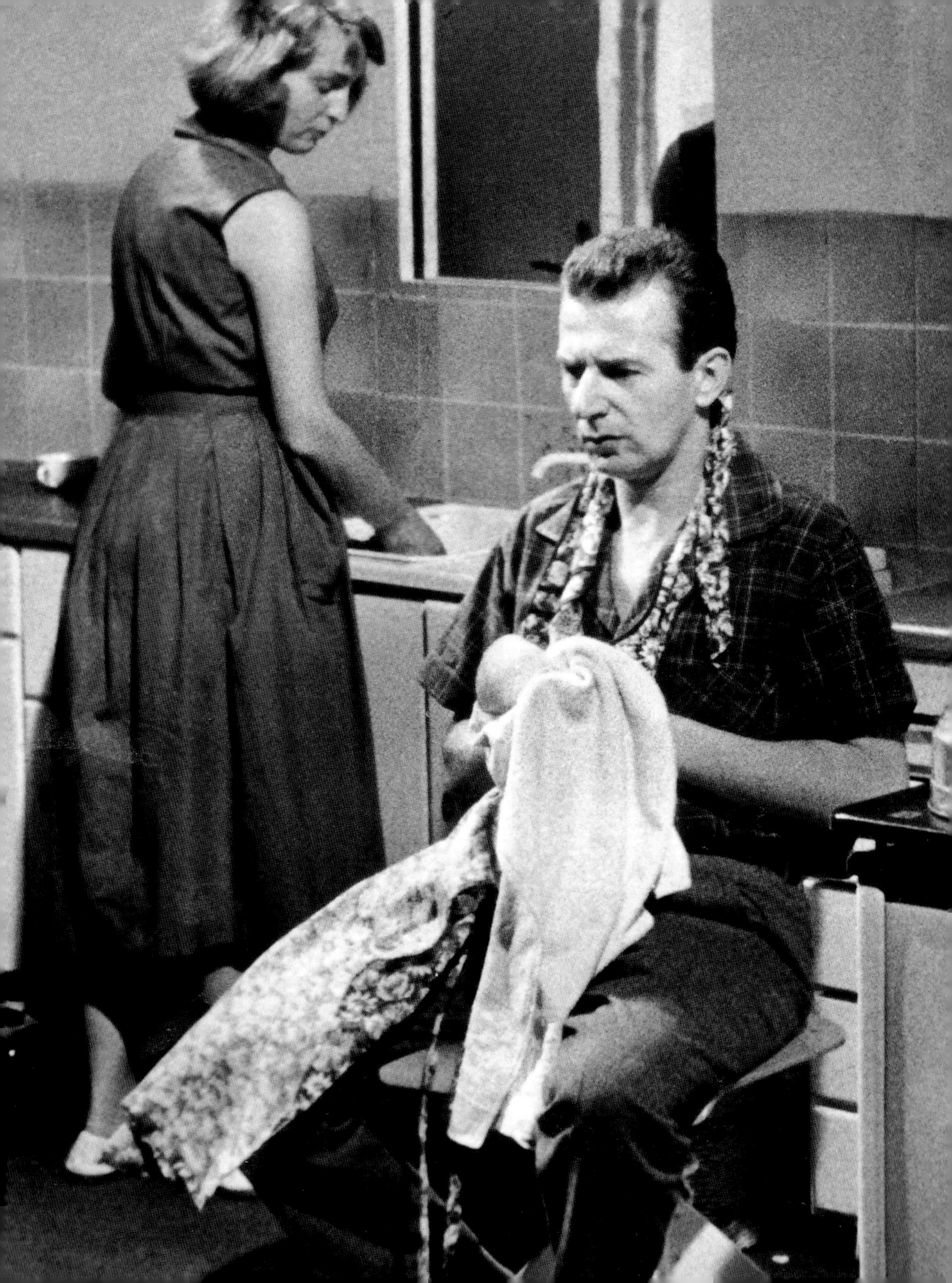

Versteckte Kamera

Seine ersten Fernsehauftritte hatte mein Vater in den 1950er Jahren, noch beim sogenannten Versuchsfernsehen. Das heißt, man versuchte die technischen Finessen des neuen Mediums zu testen. Dazu wählte man zum Beispiel die Art der »Versteckten Kamera«. Aber da alles in der DDR einen politischen Hintergrund hatte, sollte die »Versteckte Kamera« auch gleich für Propagandazwecke genutzt werden.

So spielte ein Film im KWO, Kabelwerk Oberspree in Berlin, kurz vor Beginn der Frühschicht. Gezeigt werden sollte, wie pflichtbewusst, pünktlich und arbeitsam die DDR-Werktätigen sind. Aber es sollte anders kommen.

Mein Vater, noch unbekannt, gab einen gnadenlosen Pförtner, der pomadig die eiligen Arbeiter, die auf den letzten Drücker oder zu spät kamen, umständlich nach dem Betriebsausweis fragte.

Manche, die ihn nur kurz zeigten, wurden zurückgerufen, und der Ausweis wurde dann ganz langsam studiert. Manche, die ihren Ausweis nicht bei sich hatten, wurden erst gar nicht hineingelassen. Es gab Ärger über Ärger, und je mehr Ärger es gab, desto lustiger war es für meinen Vater und die Filmcrew.

Der Höhepunkt war aber, als der Betriebsleiter im Wolga angebraust kam, ebenfalls zu spät, mein Vater die Schranke erst einmal unten ließ, aus dem Pförtnerhaus herausguckte und nach dem Betriebsausweis und dem Fahrzeugschein fragte, zwecks Abgleichung der Liste derer, die berechtigt waren, mit dem Auto auf das Werksgelände zu fahren.

1959: Zum ersten Mal vor der Kamera in einer Folge der Kabarettserie »Die Stacheltiere« mit Katharina Matz

Es könnte ja ein Agent des westlichen Geheimdienstes sein. Natürlich ließ er sich auch dabei Zeit. Er brachte den Betriebsleiter derart in Rage, dass dieser den SED-Parteichef Ulbricht anrufen wollte.

Wie es ausgegangen ist? Zumindest ist mein Vater nicht verhaftet worden. Aber gezeigt wurde der Film nie.

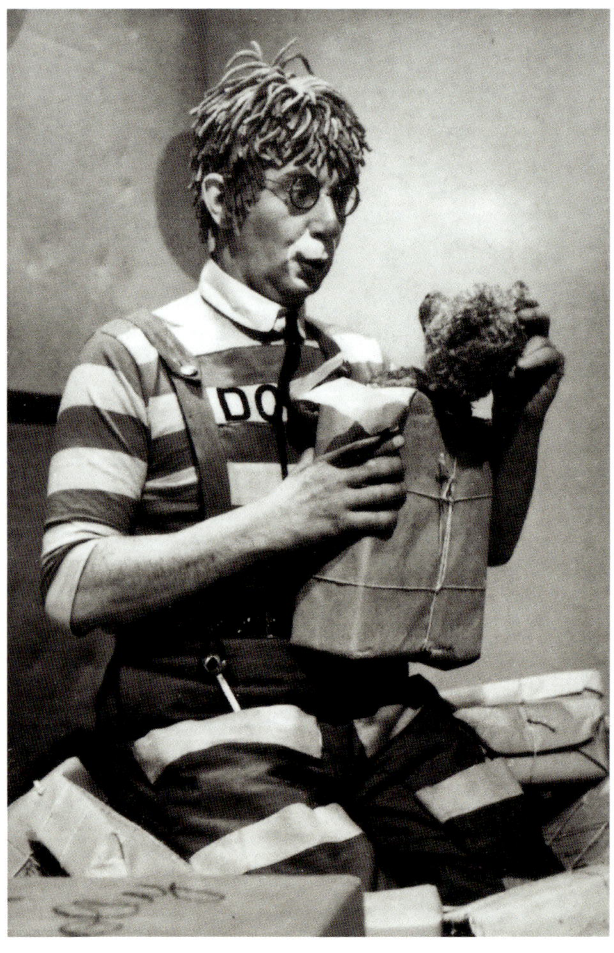

1962: Als Clown Dolly, der Vorgänger von Clown Ferdinand

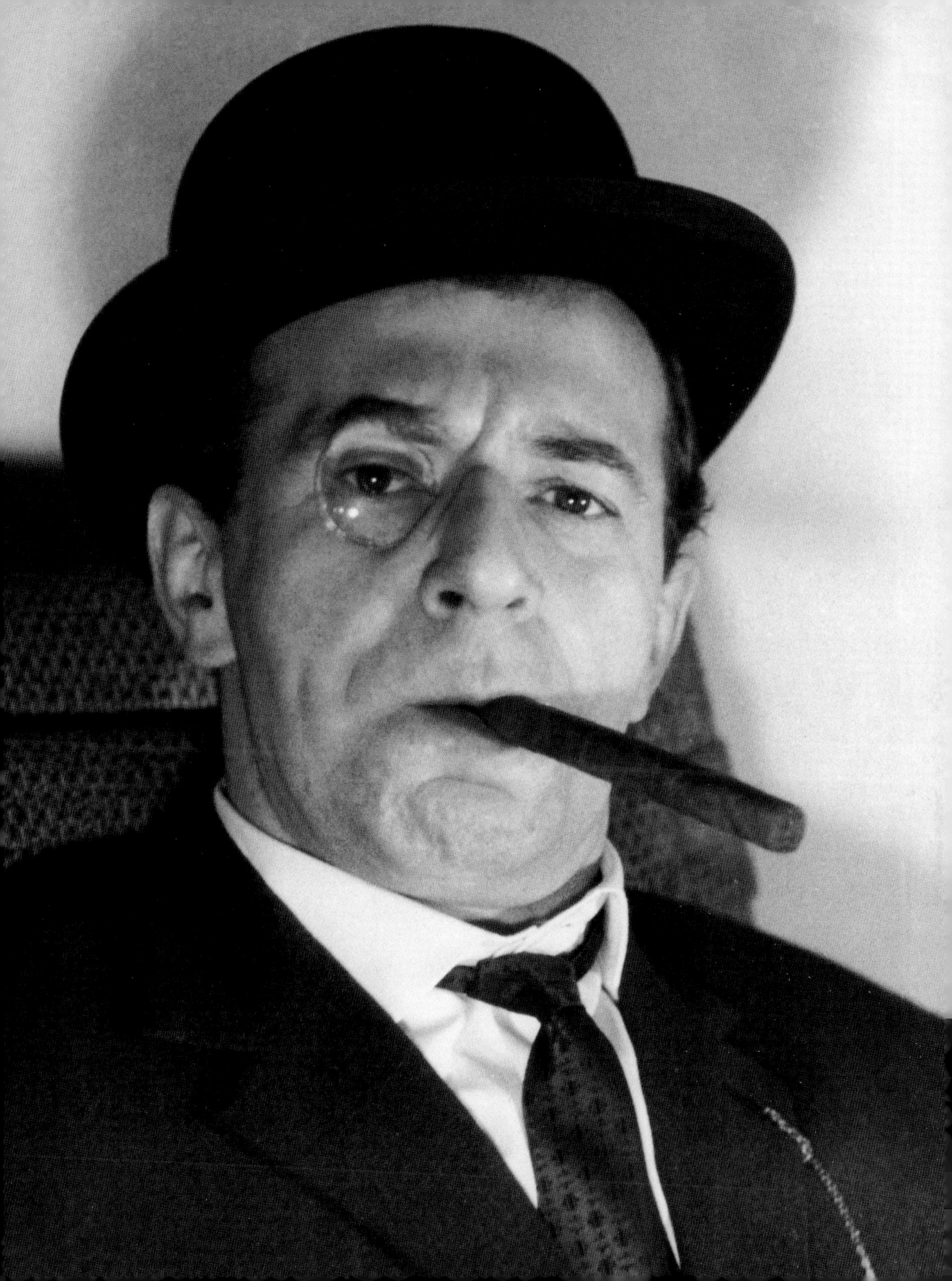

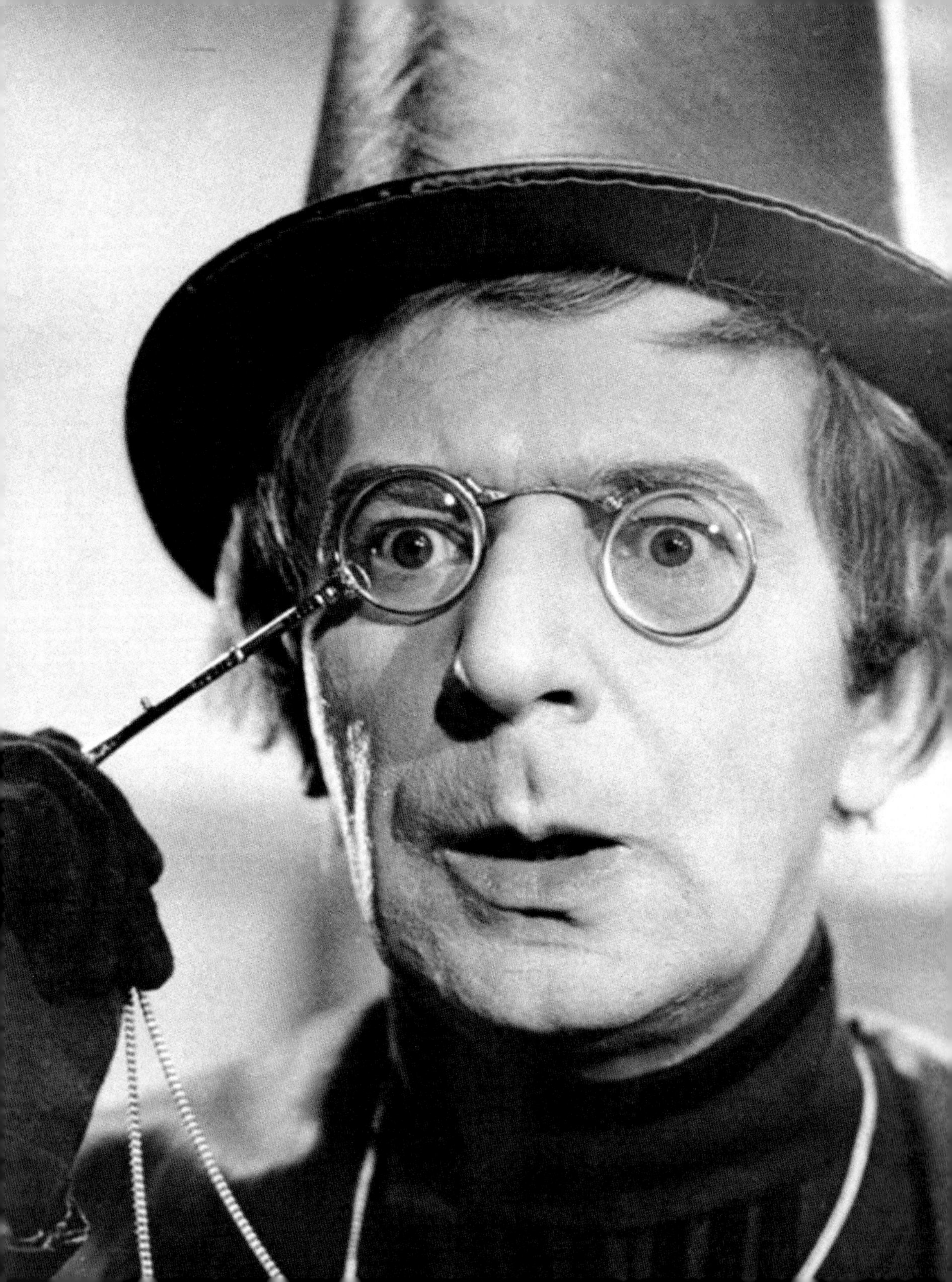

Wolf Kaiser

Mein Vater spielte in dem DEFA-Film *Das Kleid* zusammen mit Wolf Kaiser. Kaiser, der den Kaiser Max mimte, war durch die Thälmann-Filme von 1954/55 schon ein Star und benahm sich, vor allem gegenüber dem Regisseur Konrad Petzold, auch so.

Kaiser, der meinen Vater sehr mochte, beschwerte sich bei ihm, Petzold sei zu pedantisch, und er lasse ihm nicht »die Luft zum Atmen«. Aber er werde es sich nicht bieten lassen.

Bei einer Kameraprobe betitelte Kaiser meinen Vater als Innenminister, obwohl er als Außenminister in dem Film eingeführt wurde. Petzold wies ihn darauf hin, worauf ihn Kaiser mit seinem besonderen Blick, den eben nur der spätere »Meister Falk«-Kaiser drauf hatte, musterte und nach einer gefühlt endlosen Pause sagte: »Aha, aber ob ich *das* noch umlernen kann!« – Er lernte um!

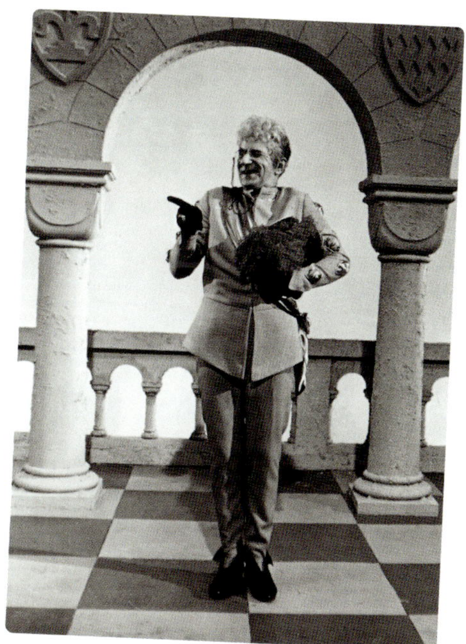

1965: Als Hofschranze im DEFA-Märchenfilm *König Drosselbart*

1964: Als Hofgelehrter Weisenstein im DEFA-Märchenfilm *Die goldene Gans*

Egon Günther

Der Regisseur und Autor Egon Günther schätzte Kabarettisten wegen ihrer Spontaneität und ihres Witzes sehr. So auch meinen Vater. Er hätte ihn gern vielfach eingesetzt (nicht nur im DEFA-Film *Das Kleid*), aber durch das Engagement an der *Distel*, wo fast jeden Tag geprobt und abends gespielt wurde, war mein Vater selten frei. So auch, als Günther den Film *Abschied* vorbereitete. Aber vielleicht könnte man ja etwas verschieben?

Sie trafen sich im *Opernpalais* zu einem Gespräch. Mein Vater, der schon sehr bekannt war, wurde von den Kellnern lächelnd begrüßt. Beide nahmen Platz und fingen an, über das Projekt zu sprechen, als eine junge Mutter mit ihrer Tochter an ihren Tisch kam und meinen Vater um ein Autogramm bat. Er gab es, während die Tochter Egon Günther anguckte und fragte: »Sind Sie auch Künstler?«

Günther bejahte.

Darauf bat das Mädchen: »Dann unterschreiben Sie bitte auch. Vielleicht werden Sie ja auch mal berühmt.«

Keine Neugierde

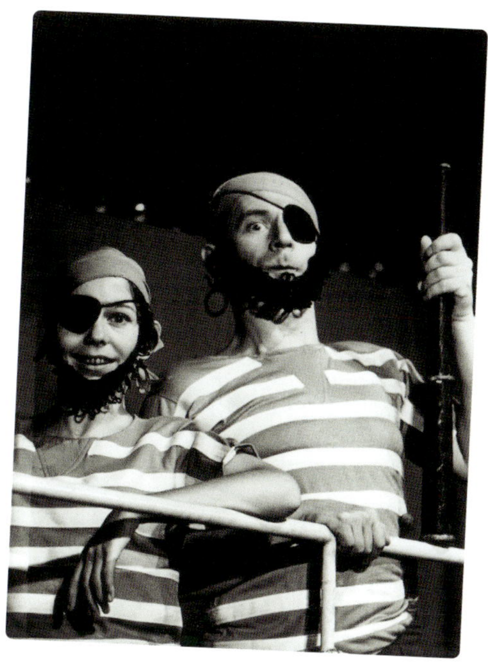

Die Distel, 1958: »Fluch der Karibik« – einer der ersten gemeinsamen Auftritte mit Lieblingskollegin Ellen Tiedtke

In den 1960ern drehte er »Schatten über Notre Dame«, einen Krimivierteiler nach dem Roman von Otto Bonhoff und Herbert Schauer (unter anderem die Autoren vom Straßenfeger »Das unsichtbare Visier«). Mein Vater drehte zwar viel, aber meistens Nebenfiguren, die mit dem Hauptstrang nicht allzu viel zu tun hatten. Dementsprechend musste er auch nicht das ganze Drehbuch lesen, um die Rolle zu erfassen, sondern nur die Seiten, wo er Text hatte.

Dadurch wusste er oftmals nicht, wie der Film ausging. So auch hierbei. Nun wollte aber die *Distel*-Kollegin Ellen Tiedtke, die ein passionierter Krimifan und neugierig war, wissen, wie der Mehrteiler endet. Da er sie nicht vor den Kopf stoßen wollte, erzählte er ihr einen Phantasie-Schluss, und sie war zufrieden. Leider sah sie den Film später und stellte meinen Vater zur Rede. Geistesgegenwärtig sagte er, der Schluss wäre politisch nicht korrekt gewesen und musste somit neu gedreht werden.

Du kriegst die Tür nicht auf

Mein Vater drehte den Fernsehfilm *Hallo Taxi.* Er spielte darin einen Schauspieler mit dem Namen Bert E. Schwache. Bis auf den Namen, der ihm etwas zu ähnlich mit seinem war, hatte ihm die Rolle gefallen. Er hatte einige Drehtage, innen wie außen.

Bei einem Außendreh sollte er mit einem Hund und voller Taschen in der Hand durch eine Haustür gehen, durch die zuvor die anderen gehen sollten. Was man ihm nicht sagte, war, dass die Tür klemmte.

Erfahrungsgemäß standen bei diesen Drehs immer viele Zuschauer herum und guckten zu. Sie mussten natürlich still sein.

Der Dreh begann also. Erst ging Ingolf Gorges durch die Tür, dann Helga Raumer, dann Werner Lierck. Alle unbepackt. Dann sollte mein Vater durch. Vollbepackt und mit Hund. Doch er bekam die Tür nicht auf. Er ruckelte, er rüttelte … nichts. Da erbarmte sich ein Zuschauer und rief: »Sie müssen sich mit Kraft gegenstemmen, Herr Schäfer!«

Die Szene wurde übrigens geschnitten.

Die Zuschrift

Im DDR-Fernsehen lief der Schwank *Ein Fuchs zu viel.* Es war eine Verwechslungskomödie, bei der es um zwei Handwerker gleichen Namens ging. Neben meinem Vater spielte unter anderem Günter Schubert mit. Kurze Zeit nach der Ausstrahlung schrieb ein Zuschauer meinem Vater Folgendes:

»Sehr geehrter Herr Schäfer, ich hatte vor drei Tagen das Vergnügen, Sie im zweiten DDR-Fernsehen in dem Schwank ›Ein Fuchs zu viel‹ erleben zu dürfen. Wie immer, haben Sie mir sehr gefallen. Ich bin gerade am Renovieren und habe extra für den Schwank meine Arbeit unterbrochen. Dabei fiel mir die Tapete auf, die Sie dabei waren, als Malermeister Fuchs, anzukleben. Diese habe ich noch nie gesehen, und sie würde sehr gut in meine Wohnung passen. Nun meine Frage: Wo haben Sie die her? Vielleicht könnten Sie mir einen Tipp geben. Ich bin mittlerweile in einigen Tapetengeschäften gewesen, aber diese habe ich nicht entdecken können. Ich würde sie mir gern zulegen. Vielleicht können Sie mir weiterhelfen. Ich wünsche alles Gute und verbleibe mit freundlichen Grüßen.«

Mein Vater konnte die Frage nicht beantworten und leitete den Brief an das Fernsehen der DDR weiter. Was daraus geworden ist? Angeblich soll die Tapete aus dem Westen gekommen sein.

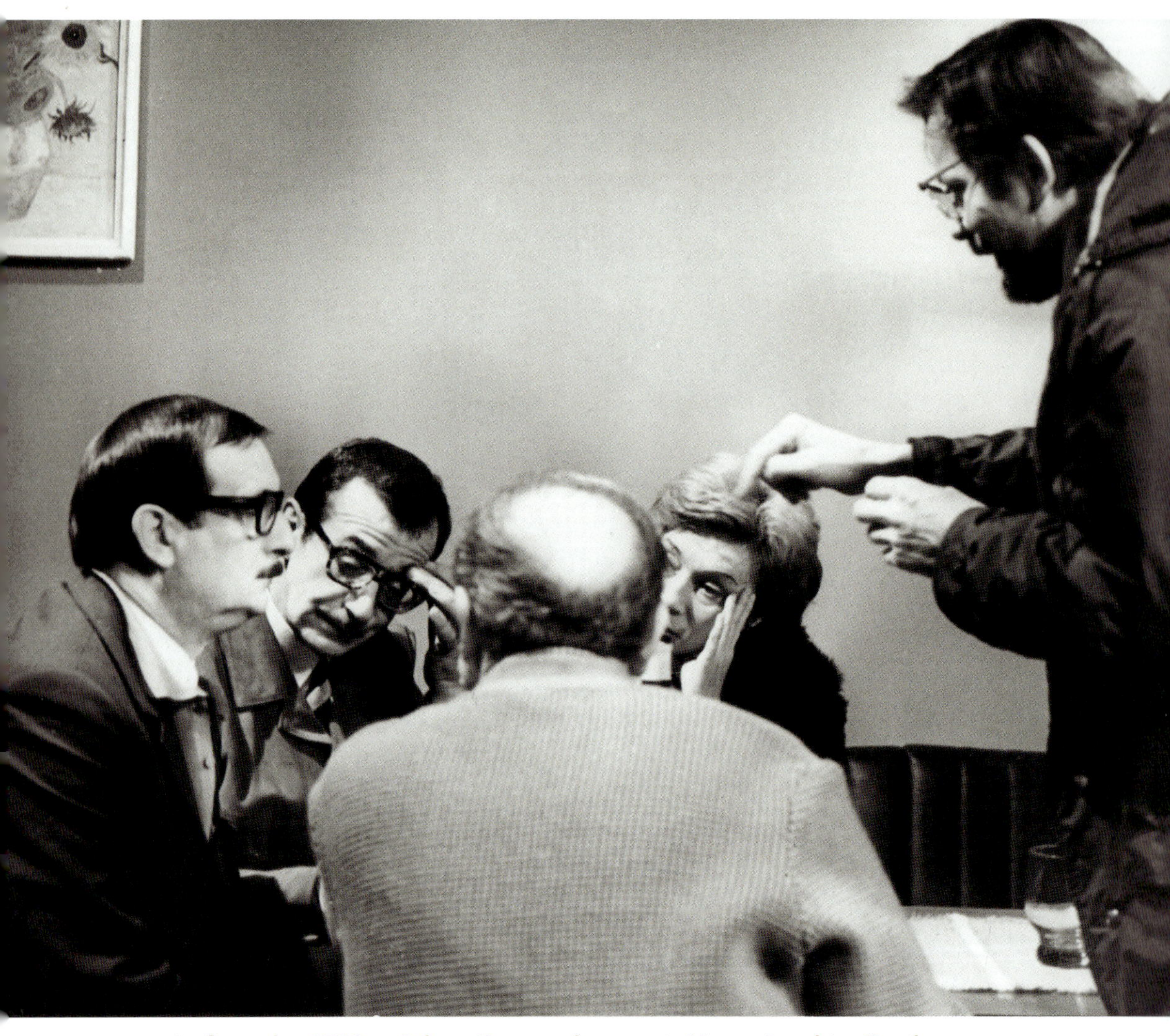

Anfang der 1970er Jahre: Besprechung mit Hans-Joachim Preil für die Nr. 19, den »Tele-Lotto«-Kurzkrimi

Die 19 und »Feffi«

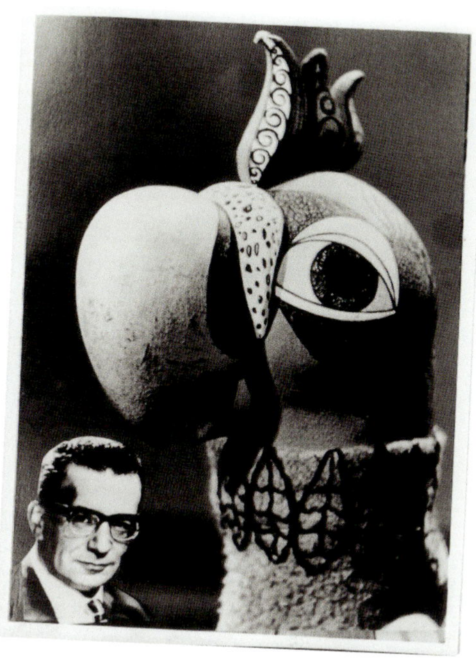
Papagei »Feffi« – Autogrammkarte

War mein Vater im Fernsehen zu sehen, wurden wir Kinder in der Schule beziehungsweise meine Mutter beim Einkaufen immer darauf angesprochen. So zum Beispiel Montagfrüh. Denn sonntags um neunzehn Uhr gab es »Tele-Lotto«. Und diese Sendung haben fast alle gesehen. Dort wurden nämlich die wöchentlichen Lottozahlen gezogen. Und jeder volljährige DDRler spielte irgendwann einmal Lotto.

Diese Zahlen wurden nicht einfach gezogen, nein! Es gab darum eine halbstündige Show mit einem prominenten Moderator, und jede Zahl stand für eine Rubrik, wie die 14 für Humor, die 10 für Tierreich und so weiter.

Wurde die Zahl gezogen, wurde anschließend ein circa dreiminütiger Film zum Thema gezeigt, bis es dann zur nächsten Ziehung überging.

Die 19 war der lustige Kurzkrimi, worin mein Vater in den 1970ern den aufmerksamen Passanten Schmidtchen spielte, der dem Kommissar, gespielt von Hans-Joachim Preil, Verbrechenstipps gab. Natürlich klärten sie sich alle als harmlos auf.

Gedreht wurde meistens außen, so dass auch Zuschauer immer wieder zugucken konnten. Mein Vater war zu der Zeit noch kein so bekanntes Gesicht, aber seine Stimme kannten alle, spätestens seit er den Papagei »Feffi« im Kinderfernsehen sprach. Die Stimme war so populär, dass selbst auf breiten Straßen Menschen laut »Feffi« riefen, wenn sie die hörten.

Zurück zum Kurzkrimi: Mein Vater sollte zu einer Telefonzelle rennen, um dem Kommissar einen Mord anzuzeigen. Es war abends, Zuschauer guckten neugierig zu. Er rannte also lautstark, wie mit dem Regisseur besprochen, zur Telefonzelle. Da riefen schon die Ersten »Feffi«. Es wurde abgebrochen. Der Regisseur bat die Leute, ruhig zu sein. Und man begann von neuem. Und wieder rief jemand »Feffi«. Es wurde abermals abgebrochen und erneut darum gebeten, ruhig zu sein. Er rannte nun zum dritten Mal zur Zelle. Diesmal kam kein »Feffi«-Ruf, aber als er ankam, hatte er den Text vergessen.

Marianne Kiefers Rutschpartie

Der 60. Geburtstag meines Vaters stand an. Für die Feier galt sozusagen »offenes Haus«, die Gratulanten gaben sich die Klinke in die Hand, und es wurde viel »angestoßen«. Vornehmlich mit Sekt, Wein, Wodka. Mein Vater, der sich einen klaren Kopf bewahren wollte, trank nur Wasser, behauptete aber, um nicht als Spielverderber zu gelten, es sei Wodka.

So war es auch, als Marianne Kiefer, auch »Mary« genannt, vorbeikam. Beide waren schon viele Jahre eng miteinander befreundet. Abgelenkt vom Trubel, der herrschte, konnte er ihr nicht seine Wodka-Lüge beichten, ohne sich vor den anderen zu verraten. Sie prosteten

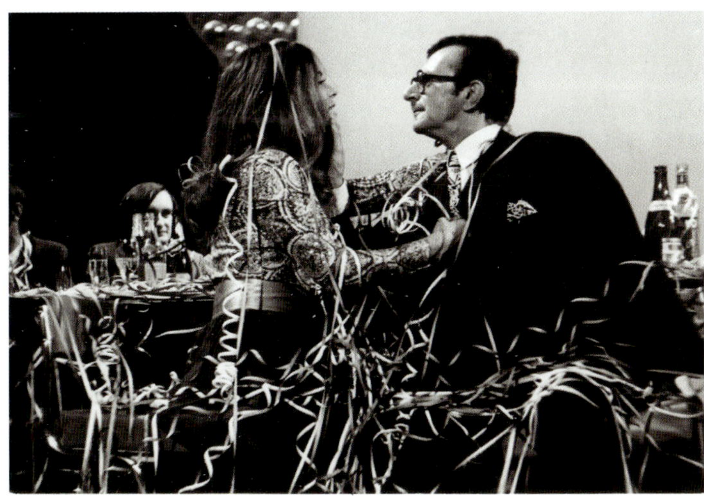

1972: Mein Vater bei der Silvestersendung des DDR-Fernsehens mit Lena Valaitis

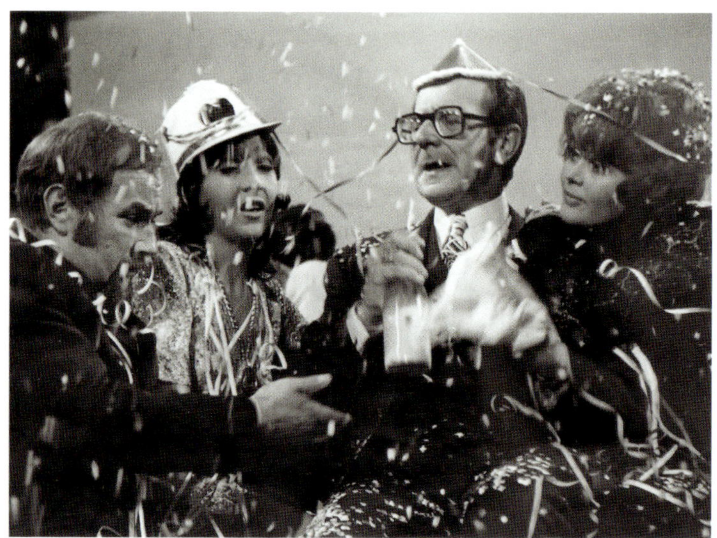

1972: Bei der Silvestersendung mit den beiden »Klock 8, achtern Strom«-Stars Rica Déus und Horst Köbbert

also und prosteten – auch Mary und ein Nachbar. Innerhalb kurzer Zeit waren sie voll wie die Amtmänner beziehungsweise Amtmännerinnen.

Nun hatten meine Eltern zu der Zeit eine Ledercouch! Glattleder! Wenn man Herr oder Frau seiner Sinne war, dann saß man da auch gut. Aber Mary und der Nachbar hatten ihre Sinne im Wodka ertränkt.

Die Folge: Sie verloren den Halt auf der Couch und rutschten herunter. Erst Mary, und als der Nachbar sie halten wollte, er ebenfalls. Meine zarte Mutter wollte ihnen helfen, landete ebenfalls auf dem Boden und riss dabei die Gläser um. Es war wie im Lied von »Zickenschulzes Hochzeit«. Erst als mein Vater kam, er hatte noch Gäste verabschiedet, konnte das Knäuel entwirrt werden. Mary wurde ins Taxi gesetzt, der Nachbar in seine Wohnung verfrachtet.

Übrigens: Beim nächsten Besuch von Mary saß sie im Sessel, der war mit Stoff überzogen.

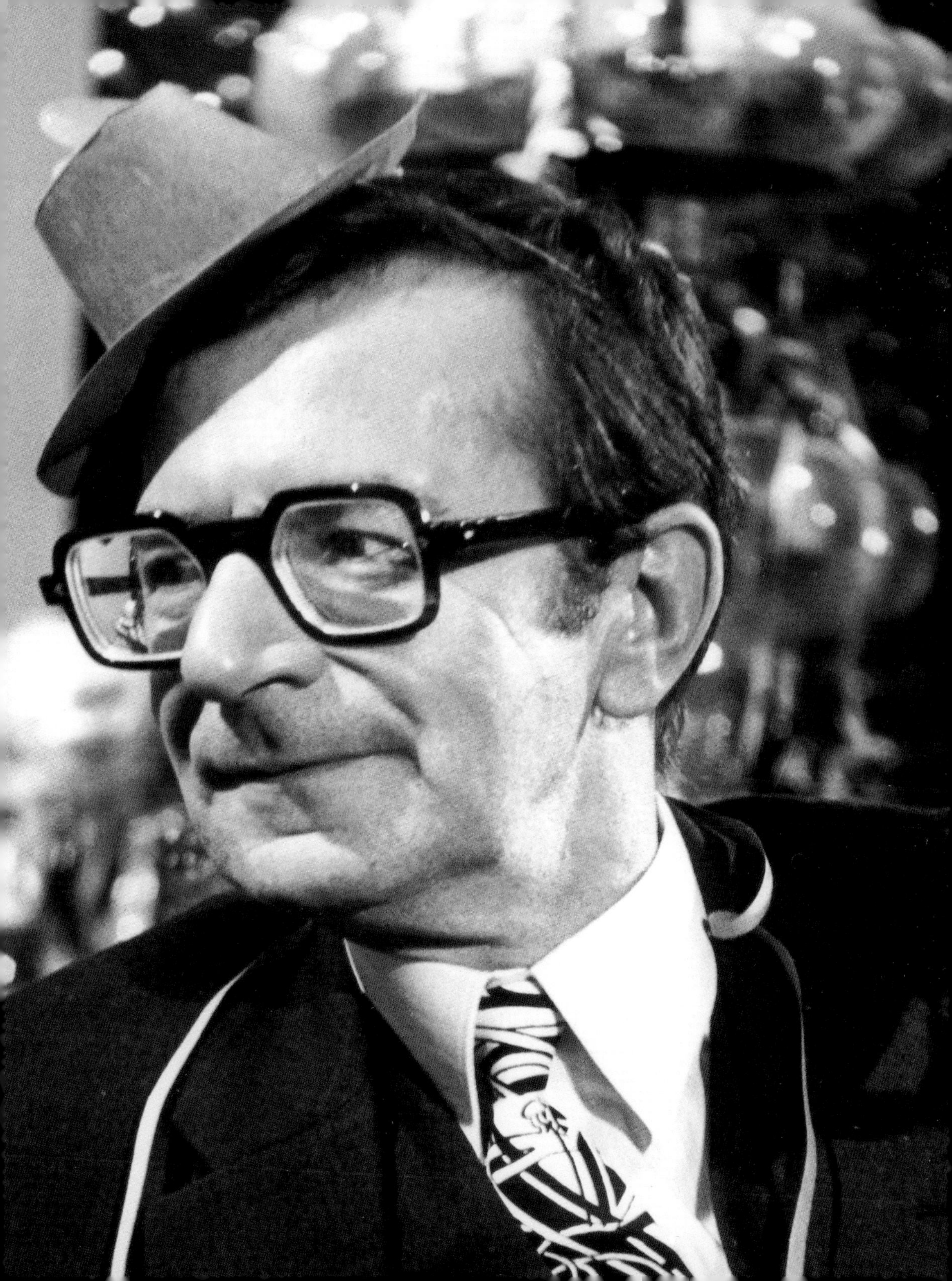

Erna, zügel dir!

Die Rolle des Maxe Baumann als Familienoberhaupt und Hauptperson der gleichnamigen Schwankreihe nahm mein Vater sehr ernst. Deshalb zögerte er ja auch bei der Annahme der Rolle. Ihm ging es um Glaubwürdigkeit, Authentizität. Natürlich sollte auch viel gelacht werden. Aber pure Effekthascherei, die Jagd nach der Pointe, nervte ihn. Und er gab Obacht, dass Rolf Herricht und Helga Hahnemann, die zu Übertreibungen neigten, diese nicht ausufern ließen.

So zum Beispiel im dritten Teil »Max auf Reisen«, wo am Schluss, als Silvesterknaller, das Tanz-Trio Helga Hahnemann, Margot Ebert und Heinz Behrens auftraten. Alle waren lustig anzusehen, wobei Margot Ebert, vom Optischen her, die beste Figur abgab. Aber die etwas kompaktere Helga und der vollschlanke Heinz Behrens waren natürlich die Lacher.

Vor allem Helga war sich dessen bewusst. Die Ulknudel schaukelte sich dermaßen hoch, ließ die beiden anderen nur zu Stichwortgebern werden, dass mein Vater, der als Maxe und Oberhaupt die Abnahme vornahm, einschritt und außerhalb des Textes sagte: »Erna, zügel dir!« Und Erna (Helga) grinste meinen Vater an und zügelte sich. So etwas konnte nur er zu ihr sagen. Andere hätte sie in der Luft zerrissen oder ihnen wenigstens beim Tanzen ein Bein gestellt.

Rolfs Mantel, der Lebensretter oder (beinahe) die letzte Zigarette

Vorgeschichte 1: Rolf Herricht hatte sich über Beziehungen einen Wintermantel gekauft. Es war ein dicker Ledermantel, innen mit Lammfellimitat gefüttert. Sehr warm. Für Rolf zu warm. Mein Vater fand ihn totschick, kaufte ihn zum Freundschaftspreis ab und trug ihn von da an im Winter ständig. Damals waren Winter noch Winter.

Vorgeschichte 2: Mein Vater, ein eingefleischter und erfahrener Wartburgfahrer (sein erster war der Wartburg 311 mit schwarzer Karosserie und weißem Dach), hatte die Möglichkeit, einen Lada zu erwerben. Mal etwas anderes, dachte er und kaufte ihn. Dieser war sportlich, wendig, aber im Gegensatz zum Wartburg mit einem Heckantrieb versehen. Das hieß, er reagierte, wenn zum Beispiel plötzlich gebremst werden musste, anders. Was mein Vater nicht bedachte!

November 1981, Aufzeichnung von »Maxe in Blau« in Zinnowitz: »Die Baumänner« wurden immer im November aufgezeichnet, damit man bis zur Silvesterausstrahlung noch genügend Zeit hatte, um zu schneiden beziehungsweise zu korrigieren. Alles lief gut, der Schwank war im Kasten. Mein Vater fuhr am nächsten Morgen entspannt nach Hause. So war zumindest der Plan. Es war frühmorgens, bitterkalt. Er zog »Rolfs Mantel« an und setzte sich ins Auto. Da der Mantel so dick war, passte der Sicherheitsgurt nur mit Mühe, und mein Vater saß dadurch wie eingepfercht. Aber Pflicht ist Pflicht. Er fuhr los. Plötzlich fiel ihm ein, es wäre Zeit für eine Zigarette, er rauchte immer im Auto, kam aber an die Zigaretten durch den dicken Mantel nicht heran und machte sich los. Er war mittlerweile am Ortsausgang angekommen, und wenn man Zinnowitz kennt, weiß man, ab da beginnt der Backsteinbelag (zumindest 1981). Und der war überfroren, was mein Vater nicht sah. Er beschleunigte am Ortsausgang und wollte sich gerade eine Zigarette anzünden (Multitasking – bei Männern, bei meinem Vater – geht gar nicht), als der Wagen über eine überfrierende Stelle fuhr und ausscherte. Er, erschrocken, bremste ruckartig, der Wagen schlug aus, aber, anders als beim Wartburg, nach vorn, drehte sich mehrfach um die eigene Achse und landete im Graben. Da er nicht angeschnallt war, hatte der Mantel Spielraum und schob sich so über den Kopf meines Vaters. Dadurch war sein Kopf geschützt wie durch einen Airbag, und außer einem Schock ist er glimpflich davongekommen. Das Auto hingegen hatte Totalschaden. Die Karosserie war durch den Aufprall im Graben schräg wie der »Schiefe Turm von Pisa« und voller scharfer Kanten. Wenn der Mantel nicht gewesen wäre – es hätte die letzte Zigarette sein können. So zumindest die Aussage der Feuerwehrmänner, die ihm halfen, herauszukommen.

Spezial

Es war die zweite »Maxe«-Folge. Rolf Herricht war in der Doppelrolle (Ferdinand/Fridolin, der Zauberer) zu erleben. Maxe (mein Vater) wollte Fridolin für eine Veranstaltung engagieren, sie wurden sich einig, und wie in der DDR üblich, wurde »einer zur Brust genommen«. Auch wenn es in der DDR wenig gab, aber Alkohol gab es immer.

Bei solchen Theater-Szenen stieß man oft offiziell mit Korn oder Wodka an. Diese waren farblos, man konnte sie inoffiziell einfach durch Wasser ersetzen und so tun, als ob. Manchmal wurde es natürlich nicht getan. Da wurde auf der Bühne »gesoffen«, dass manche Szenen dann plötzlich Überlänge hatten, denn man wollte sich nicht vom Gesöff trennen, oder sie gingen, je nach Grad der Wirkung, in eine andere inhaltliche Richtung. Aber nicht hier, es war schließlich eine Fernsehaufzeichnung. Es wurde also Wasser, Leitungswasser, eingefüllt.

So weit, so gut, aber ein unerfahrener Requisiteur füllte, da er dem hiesigen Leitungswasser nicht traute, Selterswasser in die Flasche und stellte sie vor der Vorstellung auf den Tisch. Die Aufzeichnung begann, die Szene war nicht gleich am Anfang dran, die Kohlensäure in der Flasche erwärmte sich. Dann kam die Szene. Mein Vater nahm die Flasche, machte sie auf und sie ploppte. Rolf und mein Vater waren erst erschrocken, grinsten dann. Das Publikum lachte. Was sagte mein Vater: »Spezial.« Da lachte das Publikum erneut. Regisseur Hill lachte auch und schnitt sie nicht raus.

Alles Suppe

Auf der Schauspielschule wird einem, zu Recht, früh eingebläut, dass man auf der Bühne immer zuhören sollte, was der andere sagt. Das wäre so wichtig, denn nur so kann man glaubwürdig agieren und auch, wenn das Stichwort mal nicht kommt, reagieren.

Es war in »Max in Moritzhagen«, der fünfte Teil der »Baumann«-Reihe und der letzte mit Helga Hahnemann. Beide saßen am Tisch, Max (mein Vater) schlürfte Suppe, und Erna (Helga) schüttete ihm mal wieder ihr Herz aus, ohne Punkt und Komma. Er musste nur reagieren, Suppe essen und mit ja oder nein antworten. Aber entweder hat die Suppe zu gut geschmeckt, mein Vater aß ja gern Suppen, oder er war unkonzentriert – jedenfalls sagte er zu einem falschen Zeitpunkt »nein«, wo er hätte »ja« sagen müssen.

Helga stockte, lachte, improvisierte, sagte: »Was denn nun, du machst mich ganz verrückt«, und wiederholte die Frage nochmals, und diesmal antwortete er richtig. Beide blieben in der Rolle. Früher hätte er mitgelacht, und dann hätten sie abbrechen müssen. Denn beide waren »Lachwurzen«, wie es bei Schauspielern heißt. So lief die Szene weiter.

Stromausfall

Mittlerweile war der »Maxe« so beliebt, dass die Leute der Ausstrahlung entgegenfieberten. So auch Silvester 1978. Der dritte Teil »Max auf Reisen« sollte ausgestrahlt werden. Leider war es auch das Jahr der großen Schneekatastrophe, so dass in Folge dessen einige Haushalte, vor allem in Thüringen, Stromausfall hatten und »Maxe« nicht sehen konnten.

Es gab tonnenweise Bittbriefe an das Fernsehen der DDR, »Maxe« zu wiederholen. Im Februar 1979 war es dann so weit, »Maxe« wurde wiederholt, so dass für die Thüringer verspätet Silvester und nun die gesamte Republik wieder auf dem Laufenden war.

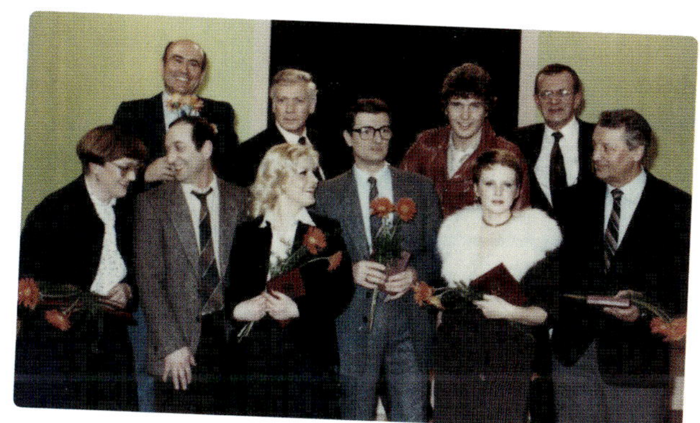

1980, beim Publikumspreis »Fernsehliebling« des DDR-Fernsehens (von links nach rechts): Heinz-Florian Oertel, Rolf Herricht, Frank Schöbel, mein Vater (hintere Reihe), Helga Hahnemann, Heinz Rennhack, Petra Kusch-Lück, Klaus Feldmann, Angelika Waller, Horst Drinda (vordere Reihe)

Aus Hagen wurde Henkler/Hauff

Es war der erste »Maxe«. 1976. Es ging in Richtung Finale, alle waren ausgelassener Stimmung, alle Probleme, die Maxe und Co. verursacht hatten, waren gelöst, und Genia Lapuhs sollte als Kleingärtnerin Haberland sagen: »Liebe Leute, lasst euch sagen, die Paare finden sich zum Tanz. Dazu spielt euch Nina Hagen.«

Nun war bei der Aufzeichnung im Oktober 1976 Nina Hagen noch in der DDR, aber kurz vor Silvester nicht mehr (sie war im Rahmen der Biermann-Affäre ausgereist). Das war durch die Westmedien verbreitet worden. Was nun? Es wurde eifrig diskutiert. Kann man die Szene weglassen? Oder macht man bei dem Namen Nina Hagen einfach den Ton weg? Oder, oder, oder?

Schließlich einigte man sich aufs Synchronisieren. So bestellte Regisseur Hill Genia noch einmal ins Studio, und jetzt hieß es: »Beim Melodienkranz vergeht die Zeit im Dauerlauf. Die Paare zum Tanz. Dazu gesellen sich Henkler/Hauff.«

Worauf Rolf Herricht und mein Vater (heimlich) dichteten: »Aus Hagen wurde Henkler/Hauff, sch… drauf!«

Einmal Baumann, immer Baumann

Die Rolle des Maxe Baumann war für meinen Vater, ähnlich wie für Klausjürgen Wussow die Rolle des Professor Brinkmann in der »Schwarzwaldklinik«, auch im Privaten anhänglich. Immer wieder wurde er mit »Maxe« angesprochen. Auf der Straße, im Restaurant, im Museum. Es kamen Briefe an das Fernsehen der DDR, nur mit »Maxe Baumann, DFF« beschriftet. Und sie kamen an. Es freute ihn meistens. Aber zuweilen übertrieben es die Fans. So konnte er manchmal nicht mal zur Sparkasse gehen, ohne dass ihn die Leute ansprachen, sie ihm ihre Familiengeschichten erzählten, ihn sogar um Rat fragten. So wurde oftmals aus einer kurzen Besorgung eine zweistündige Beratung. Ein Fan kam ihm sogar hinterher, und mein Vater musste in den Hausflur flüchten und abschließen.

Aber auch meine Mutter blieb nicht verschont. Selbst noch Jahre später wurde sie mit »Frau Baumann« angeredet. Tja, einmal Baumann, immer Baumann.

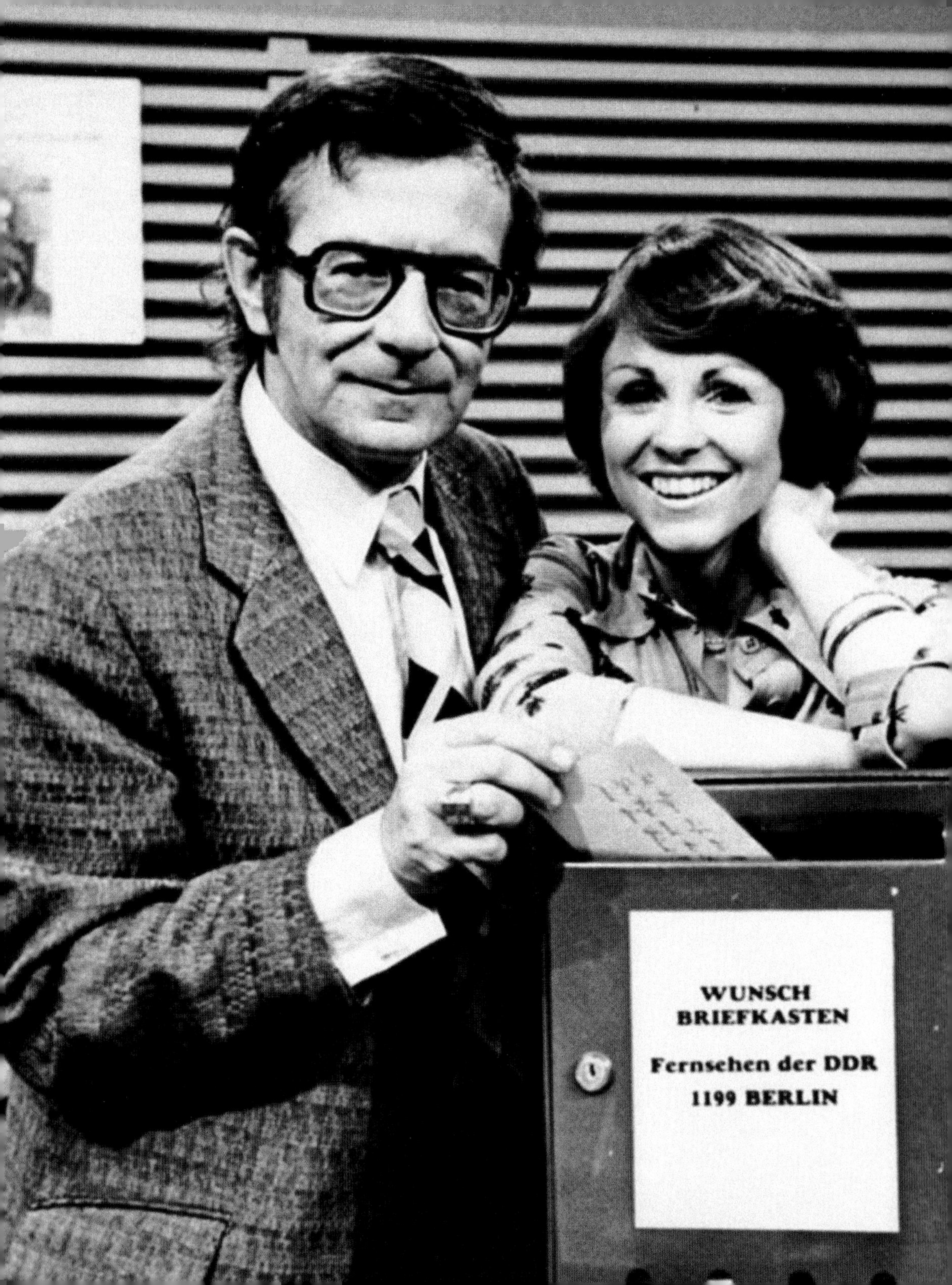
WUNSCH
BRIEFKASTEN
Fernsehen der DDR
1199 BERLIN

Der Wunschbriefkasten

Seit 1973 leerte mein Vater mit Uta Schorn den Kasten. Es war eine Sendung, bei der die ganze Familie zusammenkam, um gemütlich ihren Sonntagskaffee zu trinken. Auch Automechaniker-, Fleischer-, Bäckerfamilien waren darunter. Wichtige Familien in der DDR, auch für Uta und Gerd E., da diese Familien an der Quelle der Macht des täglichen Bedarfs saßen und manch besonderen Bedarfsartikel oder, wie man damals sagte, »Bückware« für sie bereithielten.

So ließen die beiden bei den Grüßen Namen einfließen, die weder geschrieben noch gegrüßt werden sollten, aber eben Automechaniker, Fleischer, Bäcker ihres Vertrauens waren. Und da jeder Mensch auch eine gewisse Eitelkeit in sich trägt und seinen Namen gern hört, bedankten sich diese mit Naturalien oder anderen Waren des täglichen Bedarfs.

Meine Mutter, die Wirtschafterin, hatte eine Liste angefertigt, wer gegrüßt werden sollte. Und da gab es auch eine Wertigkeitsliste: Voller Name mit Berufsnennung waren die besonders Wichtigen. Die »V.I.P.«-Bäcker, -Fleischer, -Automechaniker. Die, von denen nur der Name genannt wurde, waren zwar auch wichtig, aber nicht so. Dazu gehörten zum Beispiel die Drogisten, der Weihnachtsbaumverkäufer oder mancher Lehrer.

Aber man musste aufpassen, denn es gab viel Neid unter den Gegrüßten. Da gab es zwei Fleischer in unserem Kiez, Fleischer M. und Fleischer G. Beide mochten sich nicht, aber meine Eltern waren bei

»Der Wunschbriefkasten«: Achtzehn Jahre erfüllten mein Vater und Uta Schorn aller zwei Wochen, sonntags um sechzehn Uhr, Zuschauerwünsche.

beiden gute Kunden, bekamen von beiden »Bückware«, wie Filet, Lamm et cetera. Sie machten die Pakete fertig und unmissverständlich klar, sie wollten gegrüßt werden. Wenn nicht – es gab genug Filet-Fans. Was auch ganz wichtig war: Mein Vater durfte, wenn er den einen grüßte, den anderen nicht vergessen. Aber auch nicht gleichzeitig in einem Beitrag erwähnen.

Eines Tages, der »Wunschbriefkasten« wurde aufgezeichnet, und man stellte beim Schnitt fest, es waren zu viele Beiträge, so dass ein Beitrag gestrichen werden musste. Unglücklicherweise der, bei dem einer der Fleischer erwähnt wurde. Aber das bemerkte mein Vater erst, als die Sendung ausgestrahlt wurde. Meine Eltern gerieten in Panik und überlegten sich schon alle möglichen Ausreden. Aber schließlich einigten sie sich auf die Wahrheit, und meine Mutter ging Montagfrüh zu dem nicht erwähnten Fleischer M., um ein Geständnis abzulegen. Sie wollte gerade ansetzen, da sagte die Frau des Fleischers: »Gestern waren wir auf einer Geburtstagsfeier und konnten den ›Wunschbriefkasten‹ nicht sehen.«

Darauf erwiderte meine Mutter: »Wie schade, und mein Mann hat Sie so nett grüßen lassen«, und nahm das Fleischpaket in Empfang.

Der Bruder

Autogramme hat mein Vater bereitwillig gegeben. Auch versuchte er immer, auf seine Fans einzugehen. Manchmal war es allerdings schwer. Wie zum Beispiel in einem Restaurant in Magdeburg.

Dort grinste ein Ehepaar »wissend« zu ihm herüber. Nach einer Weile kam der Ehemann zu seinem Tisch: »Entschuldigung, sind Sie der Bruder?«, fragte dieser.

Mein Vater: »Nein, ich bin es selbst!«

Darauf der Ehemann: »Deshalb die Ähnlichkeit!«, und ging zufrieden zu seiner Frau zurück.

Wessen Bruder er sein sollte, hat mein Vater nie erfahren.

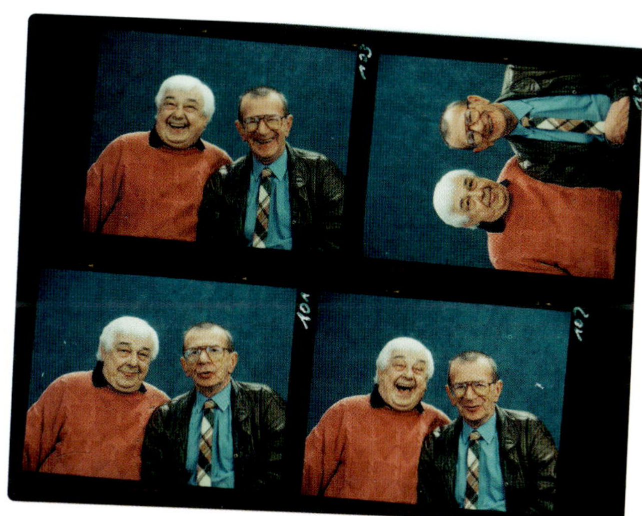

1995: Kabarett-Comeback mit »Stachelschwein« Wolfgang Gruner für den Berlin-Brandenburgischen Regionalsender *IA Fernsehen*

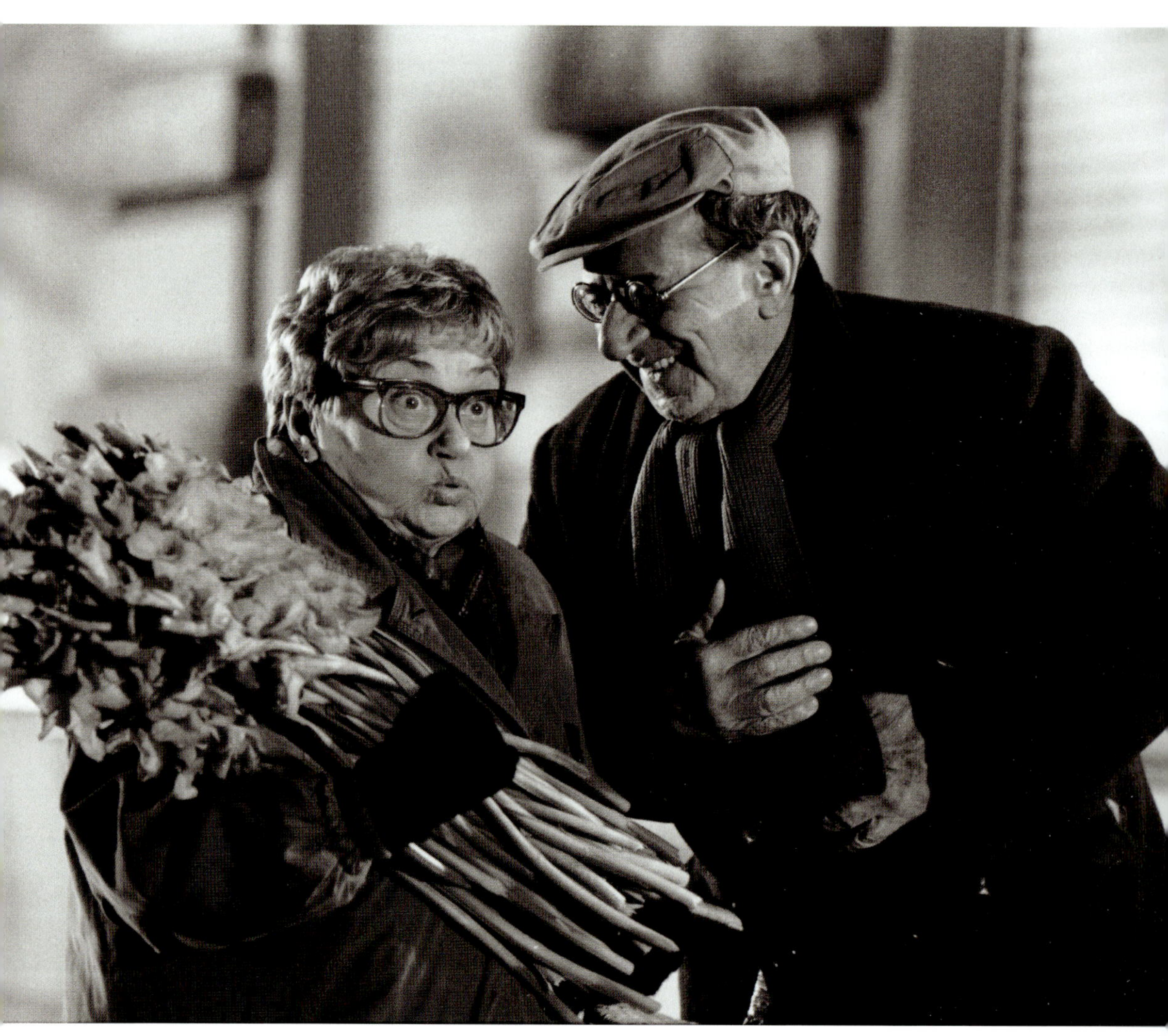

»Praxis Bülowbogen«, 1994: Mein Vater in der Rolle des Stadtstreichers Ludger macht Schwester Erika (Johanna König, die frühere Klementine aus der *Ariel*-Werbung) einen Antrag

Havelkaiser oder sein bestbezahlter Dreh

Günter Pfitzmann, Schulkamerad und ältester Freund meines Vaters, wollte Gerd E. unbedingt bei seiner Fernsehproduktion »Der Havelkaiser« dabeihaben. Er habe eine Rolle, maßgeschneidert für ihn. Die Serie spiele auf einer Berliner Werft, und er (Gerd E.) solle da eine Art Faktotum sein.

Mein Vater, hoch erfreut, bekam das Drehbuch zugeschickt, las es und musste feststellen, es war alles andere als maßgeschneidert, eher von der Stange. Es hatte weder Tiefgang noch Sinn. Aber er nahm trotzdem an, schon um seinen Freund Günter nicht zu enttäuschen.

Der Dreh begann, das Team war freundlich, und es wurde bei schönstem Wetter draußen aufgenommen.

Regisseur Pieper, der, so schien es, im »Havelkaiser« die Chance zur Erwerbung eines Grimme-Preises sah, drehte von einigen Szenen unzählige Einstellungen, wofür nun andere Szenen, aus Zeitgründen, gestrichen werden mussten. Dies traf vor allem Szenen, in denen mein Vater mitwirkte, so dass die Rolle immer kleiner wurde, seine Haut dafür immer brauner, denn er saß nur draußen herum und hatte nichts zu tun. Das Resultat war dementsprechend. Wenn man heute in die Serie reinguckt, sieht man einen stummen Maxe Baumann (die Maske war ähnlich angelegt) auf der Werft unmotiviert herumschleichen.

Am Ende wurden es aber zwanzig Drehtage, sie waren vertraglich vereinbart, für gefühlte fünf Sätze. Sein bestbezahlter Dreh überhaupt. Und dann noch in Westgeld.

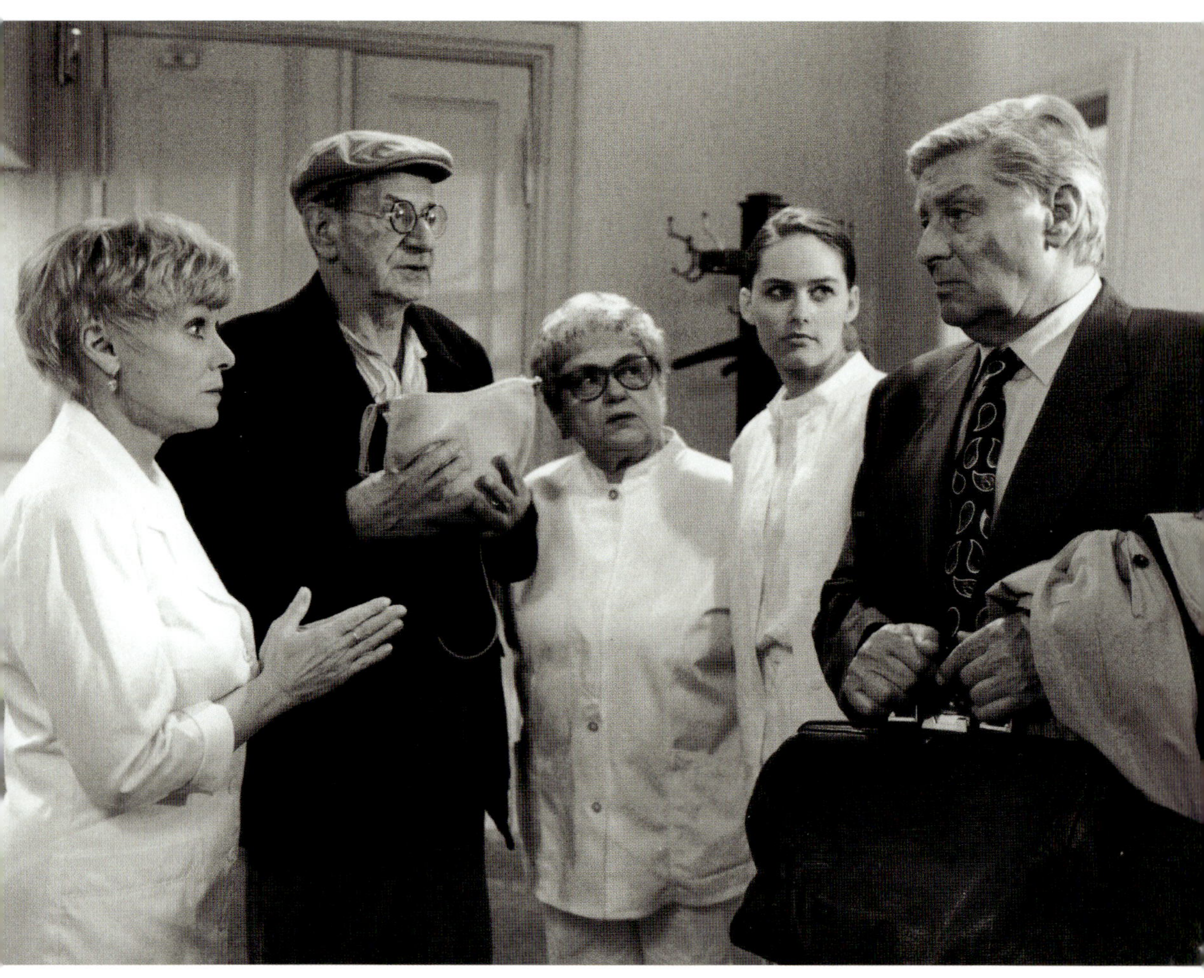

»Praxis Bülowbogen«, 1993: Künstlerische Wiedervereinigung Ost-West – mein Vater und Schauspiellegende Günter Pfitzmann, Schulkameraden und Freunde, neunundzwanzig Jahre getrennt

Zugabe oder zu guter Letzt

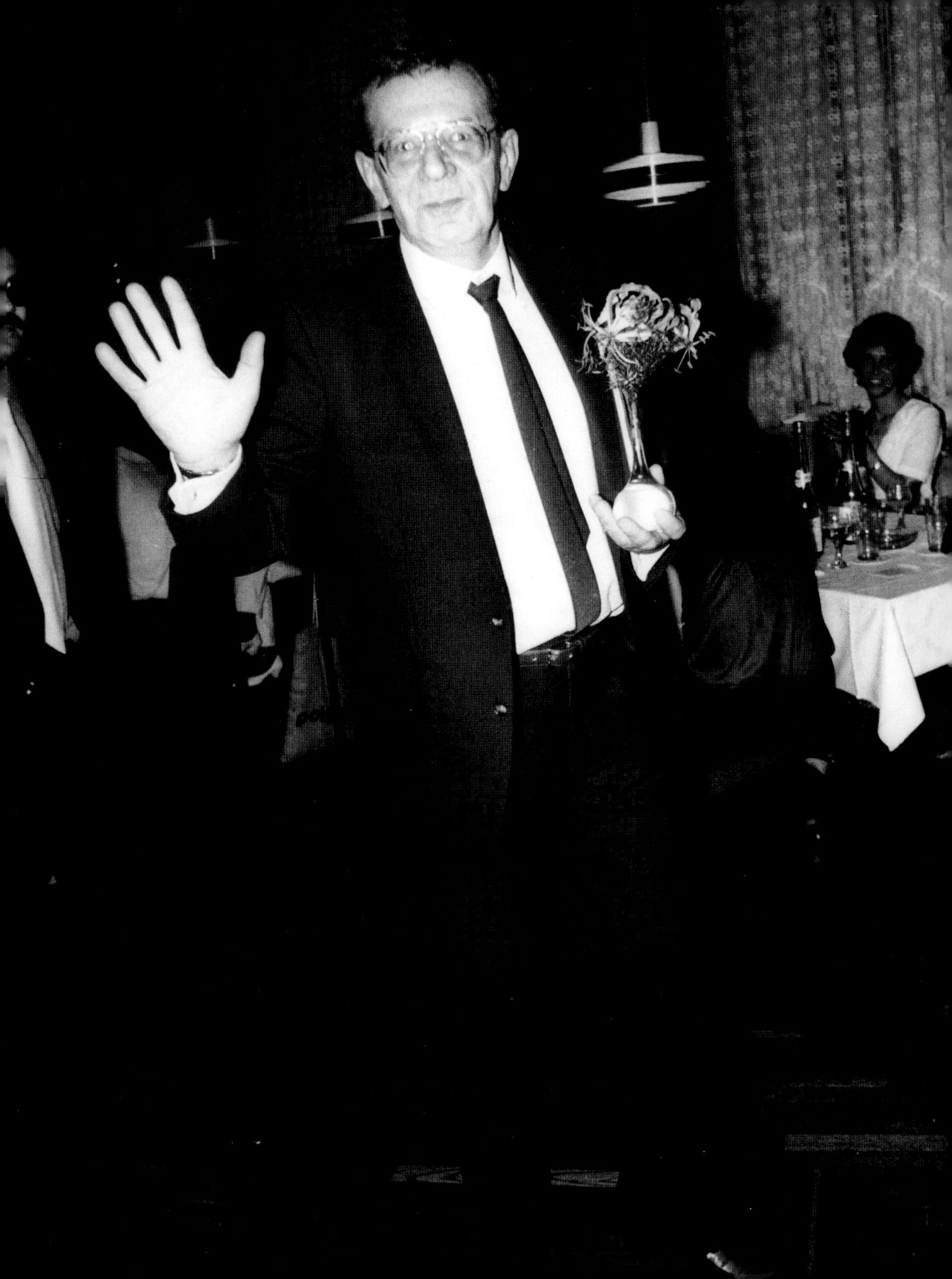

Alte Männer spielen ist schwer …

Eine seiner letzten Rollen verkörperte mein Vater in einem »Tatort«. Er, Mitte siebzig, spielte einen betagten Rentner. Nach Aussage des Regisseurs gab er ihn zu lebendig: »Bedenken Sie, er ist Anfang siebzig!«

»Gut«, meinte mein Vater, »dann werde ich mich eben umstellen und meiner Phantasie freien Lauf lassen.«

Bildnachweis

© Buchhold: S. 67
© DEFA: S. 36, S. 80
© DFF: S. 100
© Dorit Hagen: S. 86
© Feschner: S. 81
© Friede: S. 35
© G. J.: S. 89, S. 90, S. 91
© Hennig: S. 62
© IA Fernsehen: S. 103
© Kindt: S. 70,
S. 74 (rechts unten)
© Leher: S. 52, S. 53, S. 56, S. 57,
S. 58, S. 64, S. 72, S. 73, S. 78,
S. 79, S. 83

© NFP: S. 104, S. 106
© Nickel: S. 74 (links oben)
© Pisarek: S. 54, S. 63
© Quade: S. 26, S. 27
© Reinhold: S. 14, S. 20
© Schneider: S. 76
© Schorsch: S. 97
© Strom: S. 12
© Tluste: S. 66, S. 68
© Zander: S. 60

Privat: S. 8, S. 10, S. 11, S. 31,
S. 42, S. 75, S. 87, S. 108

Nicht in allen Fällen war es möglich, die Rechteinhaber zu ermitteln. Berechtigte Ansprüche bleiben gewahrt.

ISBN 978-3-95958-359-6

1. Auflage
© 2023 by BEBUG mbH / Bild und Heimat, Berlin
Umschlaggestaltung: fuxbux, Berlin
Umschlagabbildung: © Foto-Adrion
Druck und Bindung: Graspo CZ

Ein Verlagsverzeichnis schicken wir Ihnen gern:
BEBUG mbH / Verlag Bild und Heimat
Axel-Springer-Straße 52
10969 Berlin
Tel. 030 / 206 109 – 0

www.bild-und-heimat.de